あ〜〜〜〜〜!!!

仕事も人間関係も
いろいろめんどくさ!!!

と思ったら読む

人生をシンプルにする本

山田マキ
Maki Yamada

ダイヤモンド社

はじめに

「あ〜〜〜〜〜〜〜〜〜!
もうイヤ!!!　人生ってなんで
こんなにめんどくさいの〜〜〜〜〜!?」

なんて、叫びたくなるような気持ちになったこと・・・ありませんか?

私には、ありました・・・何度もありました。

仕事がぜんぜんうまくいかないとき。人間関係で苦手な人があらわれたとき。プライベートで思うようにいかないとき。

30代の前後ではそんな状況が何年も続き、あまりにもうまくいかないものですから、まわりに腹が立って、自分に腹が立って、すべてを投げ出したくなってしまうような気持ちに襲われていました。

「この状況を何とかしなければならない!」と躍起になり、いろいろなことに手を出しました。

資格や語学の勉強をしてみたり、ジムに通って体を鍛えてみたり、セミナーに通ってみたり、本や雑誌も読みあさりました。

そういうとき、一瞬は「何かいいかも?」「私、変われるかも?」・・・なんて思うのですが、それもつかの間。気づけば飽きるか疲れるかして、やめてしまいます。

ぜんぜん続かないし、効果もあんまり出ないし、「またダメだった・・・」と自己嫌悪に陥る悪循環・・・。そして、

もう、神さま何とかしてください!

とばかりに、自分と同じように悩む友人たちと、全国各地のパワースポットの巡礼ツアーに精を出していたこともあります。

しかし、神さまは何もしてくれませんでした。

たくさんの時間を使い、気力を使い、体力を使い、お金も使い・・・残ったのは、「全国各地のお守り」と「モヤモヤする気持ち」でした。

世間では「いい大人」と言われる年齢になったにもかかわらず、相変わらず気持ちには波があるし、人間関係では疲れることばかりだし、自分の仕事や将来のことを考えると不安や不満でいっぱいです。

こんなはずではなかったのに・・・。

どうしたらもっと、人生を簡単にできるんだろうか？

もっと充実感を持って、心身安定した人生を送れるんだろうか？

・・・と、心底悩んでたどり着いたのが、**がんばるのをやめること**でした。

それまでの私は、「もっと努力しなければ」「もっと幸せにならなければ」「もっとできるようにならなければ」と、自分に足りないところばかり見て、何かを身につけることに必死だったのです。

「足し算をすることが人生にとっていいに決まっている」と考えていたのですが、そもそも、

「なんでそんなにがんばらないといけないんだっけ？」

と、問い直してみたのです。

そうすると、「仕事ができなければならない」「自分を幸せにしてくれる人がいるはず（だからいいパートナーを見つけなければいけない）」「いい人でなければならない

（人に嫌われてはいけない）」というような思い込みや恐怖があることに気づきました。

完璧でないといけない、誰かのようにならなければならないと、世間体を気にして、常に「何か」を追い求め、そうなれない自分に嫌気がさしていたのです。

その事実に向き合えたとき、何かつきものが落ちたような感覚になりました。

「あれ、がんばらなくてもいいのか・・・」と、肩の力が抜けたのです。

そうすると、不思議なことが起ききました。

人に対してもがんばらなくなり、「人はそれぞれ違ってあたりまえ」という考えが自分の中で大きくなってきました。

仕事では（私は研修講師をしているのですが）、「もっとわかって！」「どうしてそう考えるの？」ではなく、相手の求めることと自分の主張したいことの折り合いをつけられるようになってきました。

すると、やる気なく受講していた方でさえも、水を得た魚のように生き生きとした表情を見せてくれるようになるなど、明らかにお客様の反応がよくなり、高いリピート率を維持できるようになりました。

また人間関係でも、「これは腹を立てることじゃないな」「ああ、こういう言い方をすればいいんだな」「ここは白黒はっきりさせなくてもいいかな」と、さじ加減がわかるようになってきました。

そうすると、以前に比べてストレスが激減しました。公私にわたり、いい意味で「まぁいっか」で許せることが増えてきたのです。

研修の仕事でもたくさんの人と関わる機会に恵まれていますが、現代人は、考えすぎなのです。**考えて、がんばって、無理して足し算をするから、大切なことが見えなくなり、うまくいかなくなってしまいます。**うまくいっても、素直に喜べません。

そうではなく、もっとシンプルにしていくことがまずは大事なのです。

引き算していって、大事なものとそうでないものを分別していきます。心にスペースをつくることで、人に対する目も温かく変わっていきますし、何より自分が自分らしくいられて、ラク。幸福感が違うのです。

この本では、自分の経験はもとより、さまざまな実例から「人生をシンプルにする」ための方法を紹介していきます。

「あれ、人生って意外に簡単かも？」

なんて、思えるようなコツを全7章にわたって紹介していきたいと思います。
ぜひ、お楽しみいただけたら幸いです！

もくじ

第3章

自分や他人のネガティブと付き合っていくために

第4章

コミュニケーションのストレスを最小限にするために

第5章

自分と上手に付き合うために

第6章 酸いも甘いも噛み分けるために

第7章
自分の人生を歩んでいくために

第1章

人生をシンプルにするために
まず知っておきたいこと

わかり合うから、わかち合うへ

人生をシンプルにするために必要なこと。1つ目は、「自分と他人との境目をはっきりさせる！」ことです。

世間では「わかり合うこと」は素晴らしいことだとよく言われますよね。以心伝心、阿吽《あうん》の呼吸で思いが伝わるならたしかに最高です。

・・・ですが、現実はぜんぜんそうなっていません。

たとえば研修先で「部下がまったく気持ちを理解してくれない」という管理職の不満をよく聞きます。

「売上を上げるためにがんばろうよ！」と上司がいくらハッパをかけても、部下たちは聞いているのか聞いていないのかわからない。定時になれば「お疲れさまで～す」と帰っていき、熱意を感じない。何を考えているのかわからない。そんな姿にイライラしてしまう！　と言います。

こんな話、家庭でもよくありますよね。

部屋でダラダラしている子どもを見ると、お母さんは無性にイライラしてきて、「アンタいい加減にしなさいよ！」「ゴロゴロしてないで勉強しなさい！」「何かやりたいことはないの!?」とまくし立てますが、子どもは「うるさい」でおしまい。やれやれまたか、といった表情を浮かべるだけです。

男女を例にすると、なぜか機嫌の悪い彼女。あまりにも機嫌が悪いので、彼が「なんで怒ってるの？」「おれが何かした？」「ねぇ、話さないとわかんないよ！」と問い詰め、それが余計に彼女を爆発させ、大げんかに発展・・・。

といったように、どれだけ距離が近くても、過ごしている時間が長くても、人間関係はなかなかスムーズにはいきません。ほんのちょっとしたことでこじれていくものです。

わかり合うべきという勝手な都合

ではどうしてこんなことが起きるのかというと、「人はわかり合うべき」「わかり合っている人間関係が理想である」という思い込みにしばられている可能性があります。

もちろん、冒頭に言ったようにわかり合えるならそれは本当に素晴らしいことです。ただやっかいなのは、「わかり合いたい」というのは多くの場合、「相手のことを理解したい」というよりも**「自分のことを理解してほしい！」という自分の都合から生まれているもの**だということです。

つまり、「自分の気持ちを100％わかってほしい」ということを、「わかり合う」というきれいな言葉で言い換えているに過ぎません。

そもそものスタート地点が「自分をわかってほしい」なので、この状態で「話せばわかる」と相手に詰め寄っても、当然うまくいきません。

そもそも、相手の話を聞く準備が自分にはないのです。

自分の話を聞いてほしいだけなのに、「話せばわかる！」なんていうのは都合のいい話。どんどん人間関係がめんどうになっていってしまうのは、そんな前提があるからです。

そのようなドツボにはまらないようにするには、相手に過度な期待をしない、ということが何より重要です。

どれだけ間柄が近い人であっても、どれだけ似ているところがたくさんあったとしても、その人は自分ではなくあくまでも別の人。自分のことを１００％理解してくれるために存在しているのではない、ということを言い聞かせないとなりません。

自分には自分の都合があるように、相手には相手の都合があるのです。

とは言えそんな簡単には割り切れないので・・・わかち合う

人は人、自分は自分。そうして分別をつけるのが大事だとお伝えしたわけですが・・・でも、そう簡単には割り切れないのが人間です。

私たちはどうしたって人に期待をしてしまいますし、自分一人でずっと生きていけるほどドライにはなりきれないと思います。

そこで提案したいのが、「わかち合う」という考え方です。

わかり合うのではなく、「わかち合う」ことを大切なルールとしてすえてみます。

わかち合うとは、お互いに気持ちを伝え合いますが、どちらもそれを受け止めるだけ。受け止めるだけというのが重要で、相手の話がいいか悪いかの判断はしません。

相手の話がまったく賛同できないことだとしても、「あなたはそう感じたのね」とニュートラルな状態で受け止めます。「自分はこう思う」は封印し、ただただ受け止めるのです。

実際のコミュニケーションの場で考えると、特に大事なのが最初の受け止め方です。
これは私の昔話なのですが・・・

後輩「何か最近、仕事つらいんですよね」
私「へぇ、何がつらいの？」
後輩「仕事量が多くて、ぜんぜん余裕がないんです」
私「仕事の進め方はどんな感じなの？　Aの仕事は？　どれくらいかかってる？
Bの仕事は？」
・・・後輩の仕事のやり方に対し、私（山田）の質問責めがしばらく続く・・・・
後輩「でも、つらいんです」
私「仕事なんてつらいのはみんな一緒だよ。私だって何年も必死だったし」
後輩「私は先輩とは違うんです！」
私「それはそうだけど、その中でがんばってる人だっているんでしょ？」

・・・と、後輩を質問攻めにし、正論を浴びせていくうちに、だんだんとお互いに「ぜんぜん話が通じないな」と腹が立ってきました。押し問答を繰り返しているうちについに後輩が泣き出し、険悪な感じになるという事態に・・・。

「先輩として後輩の悩みの原因を取り除かねばならない」という勝手な都合が、結果的に後輩の悩みをさらに深くさせてしまったのでした。

「わかち合い」では、そうした自分の主義主張は一切無視します。今の事例だと、

後輩「何か最近、仕事つらいんですよね」

私　**「え〜大変なんだねぇ〜」**

それだけ。

判断もしなければ、諭すこともしなければ、励ますこともしません。ただ受け入れるだけ。でも、たった一言「大変なんだねぇ」と言うだけで、相手の「仕事がつらい」という気持ちは軽くなります。自分を受け入れてもらえた、という感覚になるのです。

そうすると、相手もこちらを受け入れようとする余裕ができます。そうなると、コミュニケーションがお互いにとれるようになるのです。

「わかり合うべき（相手は自分のことを理解すべき）」という観念はスパッ！　と捨てて、わかち合うほうにシフトしてみてください。

仕事もプライベートも、互いに本音を言いやすくなり、ずいぶんと摩擦は減るはずです。

わかり合うから「わかち合う」へ。

・・・そのためには、

●「話せばわかる」とがんばらない
●相手の気持ちは、ただ受け止める
●賛同できない意見でも、自分の意見で対抗しない

「家族であっても他人」だと考えたほうが
心の余裕ができてうまくいく。

仕事の地位、年収、住む家を高くしても本当の自信が身につかない理由

世の中には、「すごい人」と呼ばれる人がいます。

何がすごいのかと言えば、勤める会社や職業などのステータス、稼いでいる金額、仕事の能力、実績の高さなどです。

そんなすごい人ですが、すごい人は２つのタイプに分けられます。

１つ目が、すごいことを「自分でアピールする」タイプ。自分はあれもできる、これもできる、自分のすごいのはここだ、など宣伝上手で自分のことをどんどんアピールしていきます。身につけるものも豪華でステータスを感じさせます。

もう一方のすごい人は、「すごいことをアピールしない」タイプ。わかりやすいす

ごさを感じさせません。

あるとき、紹介ですごい人との商談の機会を設けてもらいました。粗相《そそう》があってはいけない・・・とかなり緊張して臨んだのですが、やってきたすごい人はアロハシャツにジーパンであらわれ、「あ、どうも～」と気さくにあいさつをしてくれました。

豪華な時計も、わかりやすいブランド品も身につけておらず、一見そのへんの飲み屋さんにいるような感じ。一気に緊張が解けました。

一番驚いたのは、同席していたその人の部下が「○○さん、鼻水出てますよ！　外でかんできてください」と指摘し、「あ、ごめんごめん（笑）」と素直に従ったのです。

すごい人だなぁ・・・と感心しきってしまいました。

そんな2種類のタイプ、あなたはどちらに好感を持つでしょうか？

私は、断然2つ目のアピールをしないタイプのすごい人に好感を持ちますし、憧れます。反対に、アピールするタイプのすごい人はどうしても苦手・・・。

ほどほどであればよいのですが、どんな話をしても、こちらが質問をしたときでさえも、その人の自慢話をオチにして返してくることもあります。そのような人は他人への圧が強く、とにかくまわりに緊張を強いるのです。

自信がない人ほど、自分を強そうに見せる

では、なぜそのように執拗に自分をアピールし、まわりをコントロールしようとするのでしょうか？

それは、本質的に自信がないからです。

一見自信がたっぷりに見える言動は、自分に自信がないからこそ自分を大きく見せようとしているのであり、高級なブランド品で身を固めたり、ステータスの高いクレジットカードを持ったりするのも、自信がないからこそ。

足りない自信を別のもので補おうとしているのです。

一方のアピールをしないすごい人は、本質的に自信があるので変にカッコつけません。心に余裕があるので、他人の気持ちをふまえた行動ができます。相手が緊張しないように気さくに話しかけたりできるのは、だからなのです。

しかし、こういう人は本当に稀な存在。

すごいと言われている人たちだって、「自分に自信がない」のです。

ということは、**自信をつける本質は、仕事で立派なことをするとか、高い役職につくとか、いい家に住むとか、そういうことではない**のです。

では、自信をつけるにはどうしたらいいでしょうか？

●自信をつけるってどういうこと？

一般的に、自信をつけるというと、難しいことにチャレンジをして何かができるようになる、自分に暗示をかける・・・など、足し算的な方法が多くとられます。

もちろんうまくいけば一時的な自信をつけることはできるのですが、その多くは付け焼き刃です。

たとえば、テストで1番をとったら大きな自信になりますが、1番という結果だけに執着していると、次のテストで1番になれなかったときはショックを受けて自信をなくしますし、その次のテストが怖くなることもあるでしょう。

結果を出すだけでは、自信は続かないのです。

そうではなく、本質的な意味での自信とは自分を信頼すること。**できることもできないこともひっくるめた自分を「それでいいんだ」と認められている状態**を言います。

何かができるとか、できないとか、それは関係ないのです。

いいも悪いも自分だと認められた人が自分にも他人にも寛容になることができ、人生をシンプルにしていくことができます。他人の目を気にしてすごい人を演じる必要はなく、自分のやりたいように人生を生きることができるのです。

何よりも問題なのは、自分ですごい人オーラを出してしまうと、必要なときに指摘

されなくなることです。

たとえば、**カッコつけている人の歯にのりがついていても、言いにくい**ですよね。

過剰に演出したすごい人は裸の王様になってしまいます。

のりがついているのに、誰も教えてくれない・・・そんな人生は寂しいですし、孤独は深まっていってしまうのです。

のりがついている自分もおっちょこちょいでいいなと思えることが自信をつけていく第一歩なのではないでしょうか。


「(歯に)のりがついてますよ」と気安く言われる人生のほうが、心がラクで楽しい。

自分をしばる「常識」や「世間体」に気づく

そもそも、私たちがどうして人間関係で息苦しく感じたり、「めんどくさ〜！（ワケわかんな〜い！）」となってしまうのかと言えば、それは「何かにとらわれているから」に他なりません。

では、何にとらわれているのかというと、それは「他人からの期待（重圧）」であったり、「小さい頃から学んできた常識」や「誰かのようになりたいという憧れ」などなど。

それらは、**もはや空気のような存在で、あたりまえすぎて自分でも何にとらわれているのかわからなくなっていることが大半**です。

人生をシンプルにしていくというのは、そうした自分をしばるものを見つけて、「それって本当に大事なことなんだっけ？」と問いかけてみることから始まります。

では、具体的に何にしばられているんだろう？　と考えると、代表的なのが、

世間体！

でしょう。たとえば、

- **「こんな格好では、おかしいと思われる」**
- **「大学（高校）くらい出ていないと恥ずかしい」**
- **「家族にはまともな仕事に就いてほしい」**

といったようなことを、多かれ少なかれ口にしたり、考えたりするのではないでしょうか。

子どもに対して「あなたの好きなように生きてほしいの」と思いつつ、いざ子どもが学校をやめようとしたり、自分が望む進路を進まないと知れば「あなたそれでいいの!?」と、思ってしまうのが世間体というものさしの怖さです。

また、就いている職業、会社、学歴で相手を判断することも多々あります。

《友人同士の会話で》

A「だんなさん、何の仕事してるの？」

B「○○の商社マンだよ」

A「大学は？」

B「東大だよ」

A「Bちゃん、**最高の人と結婚して幸せだね！**」

・・・このように、勤め先と学歴だけでその人の「評価」が決まってしまうこともあります。

同じようなことはいくらでもあります。

何年か前、社会人の交流会に参加したときのこと。知人が「あの人とつながっていたほうがいいよ」と、ある人を紹介してくれました。その人はたしかに素晴らしい経歴と肩書の持ち主で、つながっておいたほうがいいと言われるのもわかりました。

しかし話をしていくうちに・・・「おや？」と思う言動が出てきました。そこにいない人の文句を言ったり、あいさつにきた人を無下にあしらったり。見ていて心地よいものではありませんでした。

礼儀という点では相当にマナーの悪い人です。ですがその一方で・・・、

「この人くらいのクラスだったらあたりまえのことなのかな？」

「これくらい態度がはっきりしているほうがいいのかな・・・？」

「それでもつながっておいたほうがいいことがあるかも」

と考えてしまう自分がいたのも事実です。

・・・本当に、世間体というのは人を見る目をどんどん鈍くさせていきます。経歴詐称や詐欺事件の被害がなくならないのも納得です。

私たちは、それくらい世間体に弱いのです。だからこそ、世間体がいい人ほど世間体抜きで判断しなければなりません。世間体というステータスがあるだけで「すごい人」に見えてしまう、という前提の上で行動をするのです。たとえば、

- **その人の肩書を知らなかったとして、直感的に安心さ、安全さを感じるか**
- **ステータスがないとして、素晴らしい人だと思えるか**

と、厳し目に見てちょうどいいのです。

「拒否反応」も、結局は同じこと

また、世間体という価値観に染まっていると、好意だけでなく「その人が嫌い」と嫌悪感を抱くこともあります。

たとえば、**やたらとお金持ちを批判してみたり、有名人が事件を起こしたときに「ざまぁ見ろ」と思ったりすることも、結局は「世間体」というものさしで人や自分を評価していることのあらわれ**です。

それらは、自分と相手とのギャップを埋めるために、相手を攻撃をしているに過ぎません。

結局、世間体で人を見る世界の中にい続ければ、同じような価値観を持った人ばかりがまわりに集まります。

その度合が強ければ強いほど、人目を気にして、損得勘定で人と付き合い、世間体がよければ勝ち。世間体がよくなければ負け。そんな循環の中にいないとなりません。

そのままでは、自分を見失ってしまいます。

世間の意見ではなく、自分の頭できちんと物事を判断していくには、**私たちの中に無意識のうちに刷り込まれている価値観に気づく**ことです。

- **高学歴＝頭がよくて優秀／何だかいけ好かない**
- **お金持ち＝お近づきになりたい／ロクでもない人に決まっている**
- **有名人＝すごい！　話しかけたい／嫌い。ぜんぜんすごくない**

と、このような反応が自分の中で起きたときには、**「あ、出てきたな」**と思ってみてください。

まずは、自分がどっぷりつかっているということを自覚します。そのこと自体が、悪いのではないのです。

思考の条件反射のようなもので、この時代に生まれてしまった以上、人である以上、逃れられない脳の作用です。

ですから、「あ、出てきたな」と気づいたあとで冷静さを取り戻します。

そして、**それって本当に大事なこと？**　と自問自答し、行動を選んでいくのです。

頭がよくて優秀
T大卒
何だかいけ好かない!。
世間体
出たな!

世間体では、人は幸せになれない。
流されそうになったら立ち止まる。

第2章

人とムダに戦わないために

意地を張っているときは「負けました」と口に出してみよう

成績、テストの点数、偏差値。

売上額、人事評価、給与、役職。

世の中、数字で結果を出すことばかりです。

競争相手がいるからこそ張り合いも出ますし、よりよい状態を目指してがんばれる・・・そんな面がある一方で、競争して、競争して、競争して・・・そんな競争に疲れてしまったという人も多いかもしれません。

私の友人はSNSを見るのがつらいと言います。

人が「自分よりも充実している」「自分よりも幸せ」な様子を見ると、「負けた」と感じてしまうのだそうです。

彼女は昔からコンプレックスが強く、自分に自信がなかったと言います。自信がないので、自信を持つために学業に励み、就職先にもこだわり、人より優位に立てるものを装備してきました。

しかし、ひとたび誰かに「負けた」と思うと自分を認められなくなるのです。「こんな自分は大嫌い」と落ち込み、落ち込みたくないので必死にがんばって勝とうとします。

傍《はた》から見ていると、執拗にムチ打って無理やり走っているかのよう。そんなことを続けていたら、体も心もボロボロになってしまうかもしれません。

数字上の勝ち負けと、人生の勝ち負けを一緒にするのはやめよう

会社間の売上や競技の世界では、明確な勝ち負けがあります。

しかし、それと人生の勝ち負けとはまったくの別物です。

いかに他人に左右されずに、自分がこれだと思う人生を生きられるかが重要であり、途中で経験した勝った・負けたは一時的なプロセスにしか過ぎません。

あとで見ると「なんであんなに必死だったんだろう・・・」と拍子抜けするようなことのほうが多いものです。

そう考えると、いち早く「勝った」「負けた」の世界から飛び出して、自分のこと、他人のことを認められるようになったほうが人生は素晴らしいものになるはずです。

では、どうやって抜け出せるでしょうか？

それは、**「負けました」と、口にしてしまうこと**です。

将棋では一方が「負けました」と言って勝敗が決まります。しかし、明らかに負けている状況であっても、「負けました」と言うのは非常に難しいと言われています。

結果を受け入れ、「負けました」と言えるのは立派なことなのです。

日常の中で意地を張っている自分に気づいたときは、「負けました」と勝負を自ら降り、「かなわないなぁ」と相手の優れている部分を見てみてください。

肩の荷が下り、気持ちがラクになります。

そうすると、自分が戦っていたのは、相手ではなく自分自身だったことに気づけると思います。そもそも、戦う必要のないものと戦っていたんだと、心が軽くなっていくのです。

ここでは、無用な争いを避ける方法を考えていきましょう。

張り合うから、エネルギーを消耗する。
勝負を降りると、素直になれる。

毒を吐かれたときの、受け流し方2つ

「あ〜、ほんと何なのこの人!?」

と、思うようなカチーンとくる人って、いますよね。

人生、むやみに人と戦いたくないものですが、「なんでそんな言い方しかできないのかなぁ」とか「その態度どうなの!?」とか、気にしないようにしたい・・・のですが、簡単に見過ごすことのできない言動はあるものです。

いったい、どうすれば人の言動にイライラせずにいられるのでしょうか。

知り合いに、「人から攻撃されたことはない。みんないい人！」と言いきるいつも元気な男性がいます。

本心から言っているふうなので、本当に善良な人しかいないんだろうか、恵まれている人なのかなぁ・・・なんて思ってしまいそうになるのですが、そうではありませんでした。

当然、彼のまわりにもいろいろな人がいます。

あるとき、彼が露骨な嫌味を言われている場面を目にしたことがあります。

そのときおもしろかったのが、彼の返しです。

「すごい格好してるね」と言われたら、

「あはは。ね、すごい格好ですよね」とさらりと肯定。

「八方美人だよね」と言われても、

「はい！　みんなと仲良くしています」と、カラッと返します。

「すごい格好してるね」「八方美人だよね」・・・と、明らかに嫌味を言われているのですが、彼は怒ったり不快になったりすることなく、何より、あっけらかんと返すので相手も牙を抜かれてしまい、まったく不穏な空気にもなりません。

では、なぜそのような返しができるのかというと、彼は、相手がなぜそんなことを言うのかわかっているからです。

カチンとくることを言う人は、相手に脅威を感じています。怖いのです。その人の存在や能力などが優れていると感じるからこそ、自分の存在が脅かされるのではと不安になり、相手を傷つけようとしているのです。

ビジュアルでたとえると、こんな感じ・・・。

毒を吐くのは、相手への威嚇行動なのです。

自分が何かしたわけではないのですから、相手の言い分を飲み込む必要はまったくありません。むしろ、カチンときてしまったら相手の思うつぼ。言い返せばより強い言葉や態度で言い負かそうとしてくるので、挑発や意地悪には乗らず、大人の態度で毒抜きをしましょう。

カチンとくることを言われたら、

その❶　おうむ返しで同意し、「カラッと」返す

（例）「変だね」↓「変ですよね（笑）」

（例）「あなたが言ってくれないから・・・」↓「ですよねぇ、私が言ってないから！」

その❷　反論はしない

（反論すると、相手は勢いを強めようとしてくる）

この対処方法により、相手は拍子抜けしてそれ以上の攻撃をやめます。また、「攻撃してしまった・・・」と反省させる効果もあります。

威嚇には取り合わない。
上手に受ければ、相手は逃げていく。

「正しい」「間違い」だけで世の中を分けない

負けず嫌いという言葉があります。

「負けるのが嫌だからがんばる」という性質を持っている人は、たしかに仕事でも勝負事でも一生懸命で、白黒はっきりしていることが多いものです。

ただし問題は、誰と、何のために戦っているのか、ということです。

以前あるセミナーを開催したときのこと。受講者の席の配置について、スタッフの一人と意見が分かれました。

スタッフは、「一人ひとりの席を離したほうが緊張感があっていい」という考え。

私は、「学びの効果が薄れないように、緊張感はないほうがいい」という考えでした。

私としては、「プロとして自分のほうが正しいことを言っている」という強い思いがあり、このときは強硬に主張。結果的にスタッフが折れ、私の意見が通る形となりました。

・・・ですがあとになって思うのは**「そこまでこだわることだった？」**ということ。

席の配置は、たしかに大事なことではあるのですが、どんな配置だろうと本当のプロフェッショナルであれば腕でどうとでもなります。

相手を無理に説き伏せてまで主張すべきことだったかというと、そうではなかったと思うのです。結局のところ私は、「プロとして」というていのよい言葉を使いながら、「自分のメンツ」を立てるために必死になっていたのでしょう。

負けず嫌いは物事の上達に役立つ要素ですが、実際のところはこのような「比較的どうでもいいこと」で発揮されていることが多いのです。

それに**勝ったから、あるいは負けたからといって大して人生に影響を及ぼさない、比較的どうでもいいこと**・・・に、多くの時間や労力をかけてしまいがちです。

そもそも本当の意味での「負けず嫌い」というのは、「他人との戦い」ではなく「自分との戦い」の中で発揮されるものでしょう。

自分の譲れない基準があり、それを上回るためにがんばろう、というものではないでしょうか。

グレーゾーンの使い方

そう考えると、「生き死に」や「本当に譲れない大事なこと」以外で負けず嫌いが発揮されてしまうのは、余計なエネルギーの消耗の元です。

「自分の意見もあるけれど、そこまでこだわらなくてもいいかなぁ」というときには、ぜひグレーゾーンを使ってみてください。

好き・嫌いだけで割り切らない。正しい・間違っているだけで裁かないのがグレーゾーンです。

先の例のように対立した場合、

白黒はっきり：**学びの効果が薄れないように、緊張感はないほうがいい**

グレーゾーン：**人によるから、みんなに聞きましょうか**

と、第三者を使ってことの成り行きを決めることができます。

また、人の意見に対しても、

白黒はっきり：**このあいだは○○がいいと言ってたのに、言ってることが違うじゃないか！**

グレーゾーン：このあいだは○○がいいと言ってたけど、今日は状況が違うから、△△にしようか？

いずれか一つに絞る場合にも、

白黒はっきり：その方法、すごくいいね。それで決まり
グレーゾーン：その方法もいいけど、途中で軌道修正するのも楽しそう

というように、正誤だけで判断せずに他の可能性もある、という遊びを持たせられます。誰かを攻撃する必要はありませんし、自分を追い詰めることもありません。

グレーゾーンがあると、

- **皆の心が広くなる**
- **自分の意見への執着を手放せる**

●自分と他者の曖昧さを許せるようになる
●誰も裁かないし、裁かれない

と、いいことばかりなのです。
そのためには、

●対立のモードではなく、一緒に解決するモードになる
●まずは相手の意見を受け入れる→「その方法もあるのですね」
●論点がずれないように、客観的に（第三者の目で）確認し合う
●間違っていると思っても○×ではなくて、それぞれの意見を定義づけてみる
→「その意見は、ドラマティックですね」「この意見は、少し硬いかもしれない」
●第3の新たな意見をつくることも視野に入れる

といったことを試してみてください。

人間同士のやりとりでは、白黒はっきりさせることが正解でないこともある。

「なぜ？」から「どうすれば？」に思考を変える

トヨタ自動車で行われている、課題に対して「なぜ？　を5回繰り返す」という取り組みが有名になりました。なぜその問題が起きたのか？　「なぜ」を繰り返していくことで問題の本質（真因）を見つけていく、というものです。

最近、この手法は企業研修の場や会社の中でもよく使われています。

私もこれを研修に取り入れてみて、たしかに素晴らしいなと思う反面、間違えて使ってはいけない場面があるなと思いました。

それが、**「人の行動に対してなぜ？　を繰り返すこと」**です。

たとえば、仕事に遅刻してきた人がいたとします。その人に行動を改善してもらうために、この「なぜ？」を繰り返してみましょう。

「なぜ遅刻したの？」

―「目覚まし時計が鳴らなくて起きられませんでした」

「なぜ目覚まし時計は鳴らなかったの？」

―「目覚まし時計をセットしていなかったからです」

「なぜセットしていなかった？」

―「いつの間にか寝てしまったからです」

「なぜ寝てしまった？」

―「疲れてしまっていたからです」

「なぜ疲れたの？」

―「朝から出歩いていて・・・」

まるで尋問です。こうなってくると、問い詰められたほうは最後**「ごめんなさい！」**としか言いようがありません。

このように、個人の行動について「なぜ？」と問うていけば、どうしても反省点、欠点ばかりが出てしまいます。すると、必要以上に自分の行動を責めてしまい、自尊心も奪ってしまうのです。

では、どうすればいいのでしょうか。

それは、**「なぜ？」ではなく「どうすれば？」を使っていくこと**です。

「なぜか？」が原因を突きとめるための問いであるのに対し、「どうすれば？」は解決策を導きだすための問いです。「どうすれば？」を使えば、先ほどの遅刻の場合も

このような回答になってきます。

「どうすれば遅刻しないかな？」
―目覚まし時計を少しずつずらしてセットする
「どうすれば目覚ましで起きられるかな？」
―目覚まし時計を布団から出ないと止められないところに置く
「どうすれば寝落ちしないで済むかな？」
帰宅したら、そのまま寝ないようにすぐにお風呂に入る

といった具合です。ちょっと言葉尻を変えただけですが、このような言い方にすれば相手の自尊心は傷つきません。

人に対しても自分も対しても、「なぜか？」と問うことはやめましょう。

なお、

●「どうすれば？」の項目はできる限り多く出す

●「どうすれば？」の行動例は、時期（いつまでに）と行動（何をするのか）を具体的に決める

という点を意識すると、習慣がよりブラッシュアップされていきます。

なぜ？　で詰めない。
どうすれば？　で可能性を広げていく。

人を変えたいときには、指摘ではなく質問をする

企業研修をしていて多いのが、「どうやったら（部下が）行動を変えてくれるか」という悩みです。人を変えたいときや行動してほしいとき、私たちはストレートに「こうしたほうがいいよ」と伝えてしまいがちですが・・・、

「ちゃんと確認しないクセ、直したほうがいいよ」
「ねぇ、もっと必死にお客さんのフォローしなよ」
「メールはもっと丁寧に出してくれよ」

このような言い方では、受け手は一方的に考えを押しつけられているように感じます。

特に図星であればあるほど、また、強い言い方をされるほど反発心も強くなるもので、ストレートに言うのは得策ではありません。

人を変えたいときには、本人に気づいてもらって、自主的に改善してもらうことです。

そして、そのために重要なのが質問です。

少し前のこと。私は母にこう言われました。

「ジーンズがきつそうだけど、大丈夫なの？」

ガーーーン。自分でも薄々感じていたのですが、現実を直視できないでいたそんなとき、この言葉でした。

その瞬間はカチンときたのですが、「まわりからわかってしまうほど太ったということだ。これはまずいな・・・」ということで、ダイエットに重い腰を上げることができました。

もしこのときの言い方が、

「ジーンズがきつそうだけど、みっともないからやせなよ」


であったら、壮絶な親子ゲンカになっていたことでしょう。

決して命令ではなく、質問で投げかけることで人は自ら反省しやすくなるのです。

相手に答えを出してもらうこと

質問をより効果的に発揮させるポイントがあります。

それは、

相手に答えを出してもらうように聞く

ことです。どう相手に変わってほしいか、その答えを相手に出してもらうように質問をします。

メリット・デメリットが明確に出そうな問いだとよいです。

（例）

「このほうが早いよ」↓「その方法だと時間がかかるかな？」

「これおすすめだよ」→「これ、どんなところがいいのかな？」
「片づけてよ」→「散らかっていると落ち着かなくない？」

さらにちょっとしたことですが、言葉を投げかけるときに「あなた」という主語を頭の中で「私たち」に変えてみるのがおすすめです。相手だけの問題として片づけないことで、相手と同じ立ち位置で同じ方向を向くことができます。

答えを押しつけるのではなく、答えを自分で出してもらうことが大事。

第3章

自分や他人のネガティブと付き合っていくために

短所にフォーカスするのをやめると発想が変わってくる

時代の問題なのか、文化の問題なのか、世の中では長所よりも短所がフォーカスされやすい風潮があります。学校の通信簿も満点の「5」ではなく「1」や「2」が注目されますし、大人になって目標を立てるときも、すでにできていることではなく、「これから克服すべきこと」が挙げられます。

どんなときも、長所ではなく短所中心なのです。

しかし・・・短所ばかり見ていると、どうしても自分に自信が持てなくなります。

すると、もっと人と比べてしまうようになり、自分の短所がより際立ってしまうという悪循環に・・・。

これは人を見るときも同じです。

優劣で人を比べるようになったり、アラ探しばかりして相手の本当にいいところに目が向かなくなってしまいます。

そんな負のループにはまってしまっている人は、いいところにフォーカスする練習をしてみてはいかがでしょうか。

長所にフォーカスするというのは、言い換えれば**すでに持っているもの、今あるものに目を向ける**ということです。

私が以前働いていた職場では、英語を使う必要がありました。

私は英語に苦手意識があり、流暢に話せる同僚と比べてはコンプレックスが強まり、苦手意識でますます仕事がイヤになってしまう・・・というまさに負のループにはまっていました。

そんな中、同僚の中に私と同じレベルの英語力・・・つまり、お世辞にも英語が上手とは言えない人がいたのですが、彼女は英語がうまく話せないということをまったく気にしていません。

私が「英語が話せないって本当につらいよね」と言うと、彼女は「そうかな？」と。「たしかにうまくしゃべれないけど、通じればいいじゃん！　っていうか、今さら一生懸命勉強したところでペラペラになれないし（笑）」と、笑って言うのです。

実際、彼女の接客の様子を見ていると、英語はたどたどしいのですが、お客さんはみな笑顔。表情やジェスチャーであまりあるほどカバーをしていたのです。

「英語ができないから、英語を必死に勉強しなければならない」ではなく、「英語ができないから、その分は他の要素でカバーすればいい」という考え方なのです。

私たちに必要なのは、このスタンスではないでしょうか。**全体から見れば、短所というのは人を構成するほんの一部でしかありません。**

短所を中心にすえるのではなく、何においても長所を優先。仕事上、短所を克服することを求められる場合も、長所を伸ばすことが中心で短所はその次と考えてみてください。短所を克服するより、長所を伸ばすほうが効率的で伸びしろが大きいのです。

ある会社で、ミスが続いてなかなか芽の出なかった人が、配置換えで上司が変わった途端に開花した、ということがありました。

なぜそんなことが起きたのかと話を聞いていくと、それまでの上司は部下の短所ばかりを見て、やることなすこと疑いの目を持っていたそうです。

そうなると、部下としてはプレッシャーです。またミスを犯すのではないだろうか？　ミスを犯した自分はダメなんだ・・・と、どんどん萎縮してモチベーションもパフォーマンスも落ちていくばかりです。

ところが上司が変わり、新しい上司は「○○君はガッツがあっていいねぇ」などと、長所を中心に考えられる人だったと言います。すると、安心して働けるようになり、

一気に大活躍するようになったのでした。

短所中心の思考から長所中心の思考に。この習慣は、自分のみならずまわりの人にもいい影響を与えていきます。

「長所思考」にシフトする

では、長所にフォーカスするためにどんなことが必要でしょうか? たとえば、次のようなことです。

長所思考その❶ 「~できない」という表現を使わず、肯定する

「~できない」「~ない」という表現は、短所中心の思考を強めます。それらの表現を肯定的なものに置き換えるようにしてみてください。ないものではなく、今あるものに目を向けるのです。

（例）


「貯金がない」→「有意義な使い方をしてきた」

「目標達成できなかった」→「今目標に向かって集中している！」

「モテない」→「よさがわかる人にモテる」

長所思考その❷　先入観を持たない

「この人はきっとこういう人だろう・・・」といった想像や分析をやめます。

どうしても過去の経験などから先入観が働いてしまいますが、まずはその公式にはめずに行動をしてみます。

「こんなやつに違いない」ではなく、「どんな人なんだろう？」

「どうせダメだ・・・」ではなく、「とりあえずやってみよう」

というように、まっさらな状態で行動を起こしてみましょう。

長所思考その③　短所が1つあったら、長所を2つ挙げる

自分や他人の短所を見つけてしまったとき、試しに別の長所を挙げてみます。短所を責めるのではなく、長所を伸ばすことを徹底していきます。

ポジティブチェックを続けていくと人は安心感に包まれ、伸びていく。

うわさや悪口には「最短のあいづち」で返す

うわさ話には尾ひれがついてどんどん大きくなる、なんて言いますが、本人のあずかり知らぬところで大きくなっていくものです。特に悪いうわさというのはおもしろ半分に勢いよく広がっていくもので、聞いてしまうと「いけない」と思いつつもついつい人に話したくなってしまいます。

しかし、うわさ話というのはいいものではありません。仕事や友人など、身近なうわさ話には特に注意が必要で、余計なトラブルに巻き込まれないために、そもそもうわさ話に「参加しない」のがおすすめです。

では、参加しないためにはどうすればいいでしょうか？

簡単です。「**最短のあいづち**」を返すのです。

うわさ話が出てきたら、

「へー」

「ふーん」

「ほー」

と、極めて無表情に、たんたんと言ってください。怒りや冷たさではなく、まったくの無関心を示します。基本的にはこの対応でうわさ話をスルーすることができます。

聞く態度は最悪でいい

もし、この対応でも効果がない、あるいはこのような対応ができないときには、話が盛り上がらないように興味がないことを全身でアピールしましょう。

- **相手の目をあまり見ない。イキイキとした目を向けない**
- **あいづちの回数を減らす（15秒に1回程度）**
- **どんな話にも驚かない。前述の「最短のあいづち」を繰り返す**
- **あいづち以外は何も言わず、「え、何それ？」などと聞き返さない**

人の話を聴く態度としては最低な聴き方ですが、そもそもうわさ話自体が誰かを不快にさせる話です。

「見ざる聞かざる言わざる」という言葉がありますが、これは「礼節を欠くようなことを見てはならない、聞いてはならない、言ってはならない」という意味。つまり、うわさ話を「見る、聞く、言う」のは、そもそも礼節を欠くことなのです。

このスタンスをかたくなに続けていると、誰もうわさ話をしてこなくなります。

余談ですが、「見ざる、言わざる、聞かざる」は遡ると古代エジプトの古文書にもあった言葉だそうで、日光東照宮でおなじみの「見猿、言わ猿、聞か猿」の三猿の像も世界各地に見られ、古代からあったモチーフだとわかっています。

大昔から「悪いものには近づかないが吉」ということなのでしょう。

うわさには付き合わないと決めれば、巻き込まれることもなくなる。

話をあしらうときは、ツッコミで話題をずらす

人のうわさ話には「最短のあいづち」で返すとおすすめしましたが、時と場合によってはたんたんとかわせない場面があります。

特に、食事会などグループで集まったときには、必然的に一つの話題を共有する場面も多く、そこで他人のうわさや悪口が始まったときにはどうすればいいでしょうか？

仕事仲間との食事会でのことです。

一人の男性が奥様の家庭での言動について悪口を言いはじめました。

聞いていると決して奥様が悪いだけではなさそうな感じで、奥様と自分を重ねて顔

をゆがませている人がいました。その彼女の表情がだんだんと険しくなり、まずい・・・今にも噛みつきそう!?　と思ったそのときでした。

「も〜、頭にくるほど奥さんのこと好きなのね〜（笑）」

と、その場で一番年配の女性が笑顔でツッコミを入れたのです。

その一瞬で空気が変わり、全員の表情がゆるみました。

その言葉を皮切りに、他の人も「奥さんとはどこで知り合ったの？」などと茶化しはじめました。

話していた男性は、最初は「いやいや、違うよ〜」と反論していましたが、みんなの関心ごとも論点もずれたため、もう悪口を言えるよう

な雰囲気ではなくなっていました。

このとき、もし聴き手がその悪口を真剣に受けて「それは深刻な問題ですね・・・」などと返していたら、男性は「話を聞いてもらえる！」と悪口を加速させていたはずです。思いを吐き出すことも大事ですが、カウンセリングの場ではありません。

そんなとき、「話題を変えましょう」とストレートに言うこともできますが、それでは角が立ちますし、話していた人に肩身の狭い思いをさせることもあります。

その点、このときの女性のようなツッコミで話題をずらせたら、誰も悪者になりませんし、非難されません。空気が軽くなって最高です。

では、どうすればこのようなツッコミができるでしょうか。

❶見たままのことを称賛する

冒頭に「関係ないけど・・・」「ちゃんと聴いてるけど・・・」などと前置き（クッ

ション言葉）をして、その場の情景や相手の様子など、見たままのことに称賛のツッコミを入れます。

● 「怒った顔も素敵ですね」
● 「いい声していますね」
● 「そのネクタイ、素敵です」
● 「目が生き生きしていますね」
● 「このお店、雰囲気いいですよね」

これがまず、もっとも簡単な方法です。

「話は聴いてるけど、どうしても言いたくて」という感じで微笑みながら言えば、空気が悪くなることはありません。

❷ 話の内容ではなく、相手の気持ちにコメントする

たとえば相手がグチなどをこぼしたとき、

●「相当聞いてもらいたかったんだねぇ」
●「興奮して話すほど頭にきたんだねぇ」

などと、話の内容ではなく、話した人の気持ちについてコメントをします（真剣なトーンでなくても問題ない話なら、明るい笑顔で）。

こう言われると、「そうそう、わかってもらいたかったんだ！」と、気持ちを理解してくれたことに気づき、もう十分話したように満たされる気持ちになれます。

❸ 話の広げどころを変える

話を聞きながらも、相手の話したいことではなく、別の軸に話を持っていく。

（例）「上司に理不尽なことばかり言われる」という話に対して、

ふつうに聞くと↓「嫌ですね。他のみんなにもそうなんですか？」

広げどころを変えると↓「もしかして今、大殺界ですか？」

仕事などでどうしても必要なときを除き、悪い話にはまともに乗らないのが得策です。

話をずらして軽い空気にしていくことで「そんなに大した話ではないのかもしれない」と本人の見方が変わることがあります。

軽やかなツッコミ一つで空気を平和にする。

重たい気持ちほど、かる～く伝える

何かに悩んでいるとき、落ち込んで不安定になっているとき、自分に自信がなくなっているとき、といったときに起こす言動は、重いものになりがちです。

重いというのは、話の内容がディープであったり、話しているときの気持ちが強すぎたり、ということが大きいと思うのですが、重要なのはその伝え方です。

深刻なことを深刻なトーンで話せば、どうしても空気は重くなり、内容はより深刻に聞こえ、相手に余計な負担をかけてしまいます。

実はこれ、ポジティブな気持ちのときも同様です。

転職したばかりの人が、「新たな仕事に命を懸けている！」と、意気揚々と話したとします。

最初は、がんばろうとしているんだなぁと思えますが、それがあまりにも力が入りすぎていると、聞くほうもだんだんしんどくなってくるのです。

本人としては、転職前後の不安を消したいとか、自分を奮い立たせたいといった気持ちがあると思うのですが、やはりそれをそのまま伝えるのは相手の負担になるのです。

●かる～く伝えるための方法

では、どうやって伝えればいいかと言えば、とにかく軽く。重たい気持ち、シリアスな内容であるほど、かる～くすることを意識してみてください。

- **雑談の流れでついでに伝える**
- **「たいしたことじゃないけど」「どうでもいいことだけど」と前置きする**
- **「ちょっと話してみようかと思った」と、今決めたように話す**
- **相手に気持ちをわかってもらおうとせず、必要ならアドバイスだけ求める**
- **最後は、笑いに変換する**

（例）「これが解決しなかったら切腹しちゃうよ」
「こんなに思い詰めたなんて、えらいよね」

●なかなか笑えないなら、そのことを笑う

（例）「こんなに笑えないなんて、すごいよね」
「こんなに怖い顔できるんだな、って特技を見つけたよ」

このような形で話ができると、相手も前向きにツッコミができますし、後味がよくなります。

何より、悩みが大したものではないように感じられるので、前向きに取り組むことができるのです。

軽く話せば、
軽く吹き飛ばすことができる。

最悪なときに最悪な雰囲気を出さない

仕事も人間関係も絶好調な人はテンションが高く、いつも笑って「大丈夫だよ〜」「ついてる〜」などと口にします。

そういう人を見ると、いいなぁ、気楽で。ついてるんだろうなぁ。苦労なんて知らないんだろうなぁ。などと、つい斜に構えて、うらめしく見てしまうかもしれません。

・・・が、実際に彼らが何も苦労していないかといえば、そんなわけはありません。大変なイベントは起きているのです。

ある上場企業で役員をしている知人は、「うまくいく！」「絶好調！」といつも元気な、まさに絵に描いたような「ポジティブエリート」。

長い付き合いになりますが、ネガティブな言動は見たことがありません。

そんな中、「大変なときってなかったんですか?」という話題になると、彼の昔の話に。

すると、20～30代の間はてんやわんやで会社の資金繰りに困り、慣れないマネジメントに奔走し、大変な状況が長い間続いていたと言うのです。

「あの頃は大変だった～(笑)」と言うのですが、その頃の彼の様子を思い出しても、大変だったそぶりは見たことがありません。

また、別の友人。「大丈夫だよ。ついてるから!」が口癖で元気一杯な彼女も、その明るさから人間関係に恵まれて、人生のすべてがうまくいっているように見られる人です。

ところがそんな彼女も、ふたを開けてみれば「親が介護疲れで倒れたりして、いろいろ不安だよ～。こっちも体壊すし(笑)」と、やはり笑って言うのです。

そんな彼らに「どうしたら大変なときにポジティブにいられるの?」と秘訣を聞い

てみると、

「悩んでるときに悩んだ顔してもしょうがないじゃん（笑）」

「最悪な状況のときに最悪な雰囲気を出したら自分も落ちるし、まわりも落ちていっちゃうでしょ（笑）」

とのこと。いろんな方にインタビューをしましたが、やはり同じような回答でした。トラブルが起きても、簡単に解決できない悩みがあっても、その空気には引っ張られず、前向きな空気を自分でつくっているのです。

そうすると、どこかのタイミングで必ず問題を解決するための「ミラクル」が起きると言います。そして、その方法でうまくいった実績があるので、習慣化しているのです。

●上機嫌を演じる

「引き寄せの法則」というのがありますが、まさに彼らは気分が落ち込むような言動は徹底的に廃して、ポジティブな姿勢を貫くことで幸運を引き寄せているのでしょう。

たしかに、悩みを全面に出していると、同情を誘うことはできるかもしれませんが、それで問題は解決しません。むしろ、同情されることで自分の悲劇ぶりが浮き彫りになり、表情もますます暗くなり、先行きが見えなくなってしまいます。

ですから、どんな感情であっても、上機嫌を決めて演じてほしいのです。

元気でないときほど、上機嫌を演じます。

❶どんな心の状態でも、まずは形から入る

●笑顔、生き生きとした目をつくる

●いつもより声のトーンを高くする

●機嫌のよさそうな行動をする

（例）鼻歌を歌う、スキップする

●まさに上機嫌、とわかるポジティブな言葉を話す

（例）「楽しい！」「ごきげん！」「最高！」

❷自分にとって必ず機嫌がよくなるものを用意しておく

（例）どうしても笑ってしまう動画、好きなアイドルなどの写真、やる気がみなぎる言葉、小さなご褒美など

いつでも100％ポジティブに、というわけにはいかないかもしれませんが、大変なときこそ前向きに！　そんな習慣が人生の大変な出来事を糧に、人を成長させてくれます。

大変なときほど、上機嫌でと決める。
悪いほうに引っ張られないようにする。

「不安」で対処しておくと「不満」までいかない

不安と不満、言葉の響きは似ていますが、どんな違いがあるでしょうか。

【不安】は、「どうしよう」「どうなっていくのだろう」「大丈夫だろうか」など、気がかりで落ち着かない心の状態。

【不満】は、「なぜわかってくれないんだろう」「うまくいかない」「腹立たしい」という、人や物事に対して物足りなさや満足しない状態です。

このように違うものなのですが、両者は切っても切れない関係にあります。

どういうことかというと、「不安」の感情が積もり、あふれると「不満」になるのです。

たとえば通勤中の電車が事故などで止まってしまったとします。

そのとき、どんな感情を抱くでしょうか。

まず、「まずいなぁ」「どうしよう」「遅れてしまうかも」「この後の予定、どうすればいいだろう」という不安がやってくると思います。

この不安がたまってくると次第に、「すごい迷惑！」「事故がないように注意してよ！」「どうしてくれるんだ！」「責任をとれ！」というように、不満が出てきます。

そして、駅にクレームを入れたり、イライラして人にあたったり、という行動になっていくのです。

不安が積もって不満がたまり、人に攻撃的になる。
では、どうすればこの連鎖を止められるでしょうか？
それは、小さい不安のうちに自分で片づけてしまうことです。
やり方は、次のとおりです。

❶「不安の元」を探す
❷「不安の元」を解消する方法を検討する

例を見ながら見てみましょう。

（例）電車が事故で遅れているとき
❶〈不安の元〉↓打ち合わせ相手の信用を失ってしまうかもしれない
❷↓信用されるには、誠実に謝罪し、あとは努力して挽回すればいい

❶〈不安の元〉→「上司に時間にルーズだと思われてしまうかも・・・どうしよう」
❷→早く家を出たことは伝えて、遅れる可能性があることをすぐ伝える

❶〈不安の元〉→「この前も遅れちゃったんだよなぁ・・・まずいな」
❷→何度か続いてしまったから、自分に非があることを素直に謝罪する

というように、何が自分のネガティブな感情を起こしているのか考えてみて、「では自分はどうすればいいか」を明確にします。言葉にできると、「やることは決まっているのだから、不安になってもしょうがない！」と前向きに捉えられるのです。

それでも対処できない大きな不満には

ただ、電車の遅延程度ならまだしも、「つらい！」「耐えられない！」と強く不満に

思うようなことが日常には起きたりします。
そんなときの対処法も、あわせてご紹介しましょう。
大きな不満が湧いてきたときには・・・、

❶ 自分に声をかける
不満の感情そのものに誰かが共感してくれるように、「わかるよ。つらいよね」と
自分が誰かになり変わり自分に声をかける

❷ 自分を褒める
「つらい思いをしていて、よくがんばっているね」と自分を褒める

❸ 自分でハグをする
よしよし、と自分を抱きしめるようにして深呼吸をする

❹ 不満をパワーに変える

不満のエネルギーをエンジンに他のものに転換する

一番よくないのは、感情にふりまわされ、そのままに行動してしまうことです。まずは落ち着き、自分のすべきことを確認すること。

この習慣を身につけるだけで、ネガティブな感情に人生が支配されづらくなります。

感情にふりまわされないためには
小さいうちに対処しておく。

第4章

コミュニケーションのストレスを最小限にするために

「何でも大丈夫」と言うのをやめる

◇夫婦の会話で

妻：「何が食べたい？」
夫：「何でもいいよ」
妻：「じゃあサバでも焼こうか」
夫：「う～ん、焼きサバかぁ・・・」
妻：「じゃあ味噌煮？」
夫：「う～ん・・・何かさ、肉系は？　生姜《しょうが》焼きとか」

妻：「何でもよくないじゃん」

《以後、ちょっとした言い争いに続く》

・・・このような場面に、出会ったことはないでしょうか。

「何がしたい？」「何が食べたい？」「どこに行きたい？」といったやりとりをするとき、ついつい「何でもいい」「どこでもいい」なんて言ってしまいがちです。

が、冒頭に挙げた例のように、本当に何でもいいわけではありません。自分の好みや何となくのOK、NGはあるわけです。しかし、それを言語化して伝えるのがめんどうくさくて、「何でもいい」「どこでもいい」と言ってしまいます。

また、「自分で決めたくない」「相手にゆだねたい」から「何でもいい」と言ってしまうパターンもあります。

◇メール（LINEなど）で

A「打ち合わせの場所、どこにします？」
B「どこでもいいですよ！」
A「こちらもどこでも出やすいです」
B「・・・（既読スルー）」

《以後、しばらく連絡が途絶《とだ》える》

お互いが相手に都合のいい場所を・・・と配慮した結果なのですが、決めきれずに「何だか時間がかかりそうだからあとにするか」と後回しに。

配慮というと聞こえはいいですが、結局は「相手に決めてほしい」ということの結果です。

それでは、はっきり自分の希望を伝えればいいのでしょうか？

◇会食の相談をしているとき

「何か食べたいものはありますか？」

「〇〇（場所）にある（お店）のすきやきでお願いします」

・・・と、はっきり言いすぎると、相手の都合を無視しすぎていて強引さを感じさせることもあります。

〇〇のすきやきでお願いします
強いなぁ……この人
うっ

このように、「何でもいい」と相手に判断をゆだねてもいけない、はっきり自分の希望を伝えすぎてもいけない。何かを決める、合意をとるというのは、まぁややこしいものです。

そこで、決め方のルールをつくってしまいましょう。

ポイントは、「選択肢を絞って方向性を伝える」です。

相手が意見をできる余地を残し、さらに他の提案をしやすいように具体的に決めすぎないようにします。

(例)「魚介が苦手なので、それ以外がいいです」

「ダイエット中なので、料理の量が少なめのお店だと嬉しいです」

「会食続きだから、体に優しいものだと助かる」

・・・と、このような形にすれば互いに無理がありません。

また、相手も遠慮をしていて決めきれない・・・という場合には、「提案」として伝えます。

（例）「〇〇さんにおすすめのお肉のお店があるのですが、いかがですか？」
「行きたいところがなければ、評判のお店に行ってみませんか？」
「静かで話しやすいところがありますが、どうでしょうか？」

このように、回答の方向性を自分で持っておくと、変に気をつかわずにやりとりができます。

選択肢を絞って提案し、相手にゆだねる。

言うべきかどうか迷うことは、言わなくていい

これは言うべきか、言わぬべきか・・・そんなふうに迷うシーンがありますよね。

たとえば、

「飲み会の座敷の席で、同席した人の靴下に穴が開いていていたら？」

というように、あ〜これ言ったほうがいいのか

なぁ、どうかなぁ・・・と判断に迷うときがあると思います。

そのようなとき、どうすればいいでしょうか？

答えは、「言うべきかどうか迷うときは、言わない」と決めてしまうことです。

たとえば、駅の階段で軽くつまずいたとします。そんなとき、見ず知らずの人に「大丈夫ですか？」と心配されたらどうでしょうか。

「心配してくれて嬉しい」よりも、「あ〜見られてた！　恥ずかしい！」という気持ちのほうが断然強いですよね。見て見ぬふりをしてくれておいたほうが気がラクだと思います。

そう。だいたい、「言うべきかなぁ、迷うなぁ」というときには、言っても相手がどうしようもない（言っても言わなくても一緒）、むしろ傷つく可能性があることが多いのです。

そういう場合には、言わないほうが絶対に安全。であれば「言わないでおこう」と決めておいたほうが判断はラクでしょう。

より具体的な判断基準としては、

●「言わなくても困らないか？」「言っても誰も傷つけないか？」を検討する
●少しでも誰かが傷つく可能性がある場合や迷った場合には伝えない
●迷った挙句に言う場合には、人目につかないところで言う
●気づいたことに関して、最初から気づいた素ぶりを見せないようにする

といった点で考えてみてください。

「迷うならしない」の方針で、
余計な一言を避ける。

自己紹介の型を「3つ」持っておく

自己紹介をする場面は意外に多いものです。

ただ、いざそのときになると「何を話せばいいのか迷う」「うまく話せないから苦手」・・・と、余計な気をつかってしまうものです。

しかし、大丈夫です。

いざというときに迷わないように、最初から自己紹介の型を持っておけばよいのです。

そもそも自己紹介を何のためにするかというと、

●「名前を覚えてもらう」
●「共通点などで話のきっかけをつくる」
●「自分のこと(魅力)を伝える」

という目的があります。

これらの目的をふまえた上で、自己紹介の型をつくっておきます。
まず、自己紹介は基本的に3段構成で考えましょう。

自己紹介の3段構成

❶名乗る
❷話題をふる(3つのテーマから選ぶ)
❸最後に一言

❶ 名乗る

まずは、自分の名前です。「覚えてもらいやすい」ことに優先順位を置きましょう。

（例）

●人や土地の名前で印象に残す（↓秋田県の秋田です）

●漢字を一文字ずつ言葉で伝えることでイメージさせ、覚えやすくする（↓長いに谷で、ハセです）

●呼ばれている愛称、呼んでほしい呼び名を伝える（↓ゴウ、ゴウちゃんと呼んでください）

●ホワイトボードや紙に書いて見てもらい印象づける

❷ 話題をふる

次に、自己紹介のキモとなる話題です。ここをどうするか悩む人が多いと思うのですが、大丈夫です。テーマをあらかじめ絞っておきましょう。

ここで話題にするのは、

A自分の得意なこと・・・自慢にならないように、好きなこと、長所、売りを伝えます

B自分が克服したいこと・・・自虐にならないように、自分の弱み、克服したいことを伝えます

C旬なニュース・・・自分の身近で起きたことを伝えます

から、どれか一つを選んでください。具体的にはこのあと紹介します。

❸最後に一言

話題をふったら、締めの一言で自己紹介を終えます。よろしくお願いします！　だけではなく、❷の話題に関連させて締めると印象に残りやすくなります。

◇話題をふって、会話を締める。3つのパターン

以上がざっとの構成になるのですが、肝心の「❷話題をふる」～「❸最後に一言」

の流れを、それぞれ話題別に見ていきましょう。

《得意なことを伝える場合》

- 「既存のものよりも、正確なサービスが売りです」
- 「本が好きで、おもしろい本を探しています！」
- 「テニス歴10年ですが、サーブにさらに磨きをかけています」
- 「旅行が好きで、必ずその土地の人と友達になるようにしています」

最後に一言

「同じ業界の方、ぜひ情報交換しましょう」
「興味がある方、ぜひお試しください」
「ぜひ、一緒に遊んでください」
「おすすめがあれば、教えてください」

《克服したいことを伝える場合》

- 「人前で話すスキルを磨くため、こういう場で鍛えるようにしています」
- 「転職したばかりで、初心にかえって仕事を覚えているところです」
- 「朝に弱いので、朝活で好きなことをして早起き習慣をつくっています」
- 「私はお酒に強そうと言われますが、下戸で、繊細なほうです（笑）」

最後に一言

「克服した方、どんな方法がいいか教えてください」
「〇〇の経験がある方、後ほどお話ししたいです」
「同じ悩みを持っている方、声をかけてください」
「得意な方、たくさんのアドバイスをお待ちしています」

《旬なニュースの場合》

- 「出張で初めて海外に行けることになりました」
- 「先月起業したばかりで大変な毎日です」
- 「最近、結婚しました！　新婚生活が楽しいです」
- 「今日、初めてキムタクに似ていると言われて幸せです！」

最後に一言

「情報をお持ちの方、声をかけてください」
「経理の仕事ができる人がいたら、紹介してください」
「近くに住んでいる方、オススメのお店を教えてください」
「キムタクのファンの方、声をかけてください」

3パターンの使い分けの判断

今お伝えした3つのパターンのいずれかを話題にすれば自己紹介は問題ありません。

では、3つをどう使い分けるかですが、次のように判断してみてください。

- 前向きで積極的な人が集まる場なら、「得意なこと」を伝える
- 控えめで発言する人が少なく、静かで緊張感がある場では「克服したいこと」を伝える
- いろいろな人がいて判断が難しいときや緊張感が少ない場では旬のニュース

今、スキューバダイビングにハマッています
①名乗る
②話題をふる
(3テーマ用意)
③最後に一言

たった3つでいい！　そう考えると自己紹介もラクですよね。

3種類だけおさえておけば、
どんな場にも対応できる。

趣味がまったく合わない人と出会ったら・・・

仕事で知り合った人と会話をしていたとき、趣味について聞かれました。

当時、私はある韓流ドラマに夢中になっており、その魅力を存分に伝えなければと、あらすじから見どころまで一生懸命プレゼンをしました。

とにかくハマっていたので、とにかくおすすめしたかったのです。
・・・が、その熱意とは裏腹に、その人は「韓流ドラマかぁ・・・」と言ったきり、「へ〜」という「最短のあいづち」（75ページ参照）が繰り返されるばかりで、数分間私が語り倒すことになってしまいました。
このように、「話題がまったく噛み合わない」ことがコミュニケーションではあります。

特に初対面で相手との距離を測りかねているときなどは、共通の話題がないと苦しいものです。

相手とまったく趣味が合わない！　そんなとき、どうすればよいでしょうか。

それが、「質問」です。興味のない話からでも、質問で共通点にたどり着くことができます。

❶ インタビュアーになったつもりで

話を聞くときには、インタビュアーになったつもりで聞いてみると質問の質が深くなります。

相手を「情熱大陸」の出演者だと思って、あるいは相手の話から雑誌の記事をつくるような気持

ちで話を聞いてみます。

❷ エピソードを引き出し、話を広げたり、深めたりする

イエス・ノーで答えられる質問ではなく、相手がエピソードを話しやすい質問を投げかけます。


(例)「忘れられない思い出はありますか?」

「自分が変化した経験はありますか?」

「やっていてよかったと思ったのはいつですか?」

❸ 引き出した話から、自分との共通点を見つける

話が深くなっていくと、相手の精神性や価値観など、抽象的なことが話題に上がってきます。「抽象的」=「他のことにも当てはまりやすい」ので、自分との共通点を探しやすくなるのです。

（例）「私は趣味で茶道をしているんですが、同じような意味合いがありますね」
「テニスと似ているところもあるのですね。よくわかります」

このような話をしていくと、相手との共通点はもちろん相手の意外性も見えてきたりして、話が盛り上がりやすくなります。

趣味が合わない！　と思っても、決して苦手意識を持たずに、むしろ「何が出てくるかな」とインタビューを楽しんでみてください。

引き出し上手になれば、会話で困ることはない。

会話のきっかけは、「持ち物」か「名前」に決めてしまう

ここまで何度かテーマとして挙げているように、人との会話を広げてくれるのが「質問」です。特に初対面や、あまり親しくない人との会話で、質問はもってこい。

・・・が、難しいのがそのテーマです。

- 「家族は?」↓家族の話をしたくない人もいる
- 「家はどこ?」↓知られるのが怖い、という場合もある
- 「ご結婚は?」↓答えにくい、答えたくない人がいる

自分にとっては大したことないテーマでも、相手によってはそれは聞かれたくない！　答えにくい！　ということが往々にしてあるものです。

ズカズカと相手のスペースに踏み込むのは無粋です。また、「どこに住んでるんですか？」「何年くらい住んでるんですか？」「一人暮らしは長いんですか？」・・・それこれ矢継ぎ早に聞いてしまうのはまるで尋問です。

そもそも会話の流れをよくするいい質問は何でしょうか。

それは、相手の関心ごと、相手が話したいことを刺激する質問です。別に話題にしたくもないことを延々とラリーしては、ちっとも盛り上がりません。

じゃあ、相手の感心を引き出すには何を聞けばいいんだ・・・と考えると難しい気がしますね。

でも、大丈夫です。「質問の初手」はテーマを決めてしまいましょう。

おすすめは、「持ち物・服装など身につけているもの」or「名前」の2つです。

相手の関心ごと、話したいことにこれでたどり着けるのか？　これが、たどり着けるんです。

質問の仕方を見ていきます。まずは、

❶相手の身につけているもの、服装、持ち物を見てください。その中で特徴的なもの、あるいは自分が「いい！」と思うものがあれば、それについて質問します。

(例) 斬新なデザインのネクタイをしている

↓**おしゃれなネクタイですね！　何かこだわりがあるんですか？**

(例) カバンに珍しいキーホルダーがついている

↓**このキャラクター、何ですか？　かわいいですね。**

そして、次がポイント。

❷ 返ってきた答えから、相手の関心ごとにシフトさせていく

質問に対して返ってきた答えは、相手にとって「踏み込まれてもいい」という合図です。と同時に、相手の関心ごとでもあります。だから、そこから広げればはずれることはありません。

たとえば次のような感じです。

（例）相手の答え「ネクタイは妻が選んでくれます」
↓「奥様と！　素敵ですね。いつも奥様と一緒に買い物されるんですか？」（家族の話、休日の過ごし方などにシフト）

（例）相手の答え「〇〇くんといって、ご当地キャラなんです」

↓「えっ、どこのキャラクターなんですか？」（出身地や地域、あるいはゆるキャラの話などへ話題をシフト）

このように、相手に負担のかからないあたりさわりのないところから、会話を広げるきっかけをつくっていきます。そして、相手が興味のある話題にシフトさせていきます。

身につけているもの、服装、持ち物にまったく特徴がなければ、相手の名前、名刺交換をしたときならば会社の場所などを話題にします。そして同じように、

（例）「素敵なお名前ですね。何か由来はありますか？」

「珍しい名字ですね。ご出身はどちらなんですか？」

「会社の場所、近くに○○がありますよね？」

と、話題をシフトさせながら、相手が話題にしたいことに持っていきます。
選択肢がいくつもあると大変ですが、「最初は持ち物か名前！」と決めて接すると、
実はラクにコミュニケーションをとることができます。

あたりさわりのないテーマから会話は広げていける。

脱「上から目線」のすすめ

あるとき、「今日の仕事、どうだったかな?」と同僚にたずねると、返ってきたのが

「やればできるじゃん」という一言でした。

相手としては褒めているつもりだったようなのですが、なんでそんな言い方するかな!? この人に聞かなきゃよかった! とイライラ、モヤモヤ・・・。

「やればできるじゃん」「えらいじゃん」・・・このような言葉を「上から目線」と言いますが、「相手より優位にいたい」という気持ちがこの上から目線の言動にはあります。上下関係をはっきりさせたいとき、自分自身が不安定なとき（自尊感情が満たされていないとき）などには特に出てきやすいのです。

加えて、今の社会は何かを「評価する」ということがあたりまえすぎて、自分でも気づかぬうちに評価する言動をしていることも多々あります。

いいね！　と伝えたいのに、うまく伝わらないどころか相手を不快にさせる・・・そうならないようにするには、コメントの仕方を見直しましょう。

ポイントは、「褒めようとしない」ことです。

相手に称賛の気持ちを伝えたいときには、褒めるのではなく、自分の感動や尊敬している気持ちを伝えるように心がけるとよいでしょう。

（例）「やればできるじゃん」↓「何でもできてさすがだね」

「エライじゃん」→「素晴らしいね。感心するなぁ」

「よく気づくね」→「こんなことに気づくなんて、さすがだなぁ」

「頭いいよね」→「頭がいいって、憧れるなぁ」

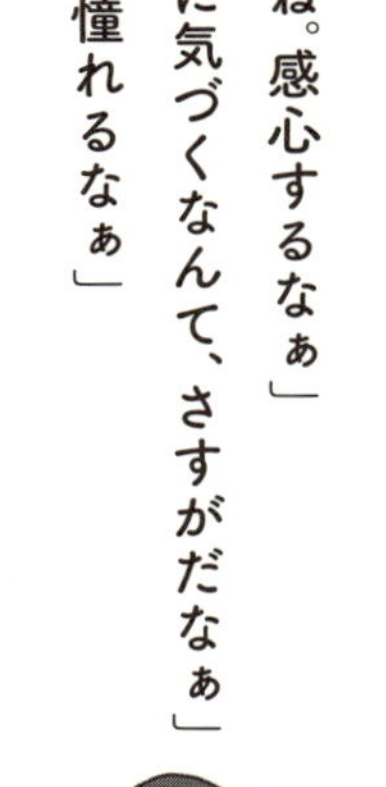

といったように、素直な感情を伝えられれば言われたほうも嬉しくなります。

褒めるというのは、言い方を変えれば優れた部分を「評価する」ということです。受け手によっては「上から目線」に感じられることもあるので、評価をするのではなく、気持ちを伝えるという方針にしていくと余計な摩擦を減らすことができるでしょう。

評価するのではなく、気持ちを伝える。

どうせ空気を読むのなら空気を壊す方法を覚える

会議やセミナーなどで人が集まっているとき、場が重い空気に包まれることがあります。そんなときに「自由に発言してください」と言われても、なかなか言えるものではありませんよね。

「変なこと言ってるって思われるかもしれない」「一人でやる気満々って思われたら嫌だな」・・・と、空気を読んでしまいます。

しかし一方で、そんな場でも自由に行動できる人がいます。

その人は重い空気の中、皆が緊張してシーンと静まっているところに、「こんにちは。いや～暑い暑い」と明るく入っていきます。

そして座るときに「よいしょ」と言ってみたり、「トイレどこですか?」とまわりの人に質問したりします。ものすごくマイペースに見えますし、いちいちツッコミたくなります。ツッコミがないと、「僕、うるさいですよね~あはは」なんて言うので、最後には必ず笑いが起こります。その一連のやりとりで重い空気が一気に壊れるのです。

それにより、みんなが近くの人と話しはじめたりして、和やかな空気に変わっていきます。その後は、重い空気などなかったかのように意見が活発に出るようになるのです。

この人、よっぽど神経の図太い人なんだろうと思ってしまいますが、実はそうではありません。

空気を読まないフリをしているだけ。むしろ空気を敏感に感じ取って、居心地が悪いなぁと感じたので、「居心地のよい空気に変えてしまう」という作戦をとっているのです。

その秘訣を聞いてみると・・・実はそんなに難しくありません。次のやり方で試してみてください。

まずは空気から目をそらす

- まわりを見て、自分に目が向いていないことを確認する
- 空気を読まず、自分の気分を楽しく保つことに集中する

（例）仕事がうまくいったときのこと、好きなことをしているときのことを考える

- そこにいる人たちを、みんないい人たちばかりだと思う
- 事実だけを受け止め、シンプルに解釈する

（例）質問されているだけ。その答えは・・・と求められていることに集中する

次に、空気を壊す

- ルーティンワークのように笑顔で自己紹介する
- 発言する際、「緊張します」と緊張をはね飛ばすように、笑顔で力強く言う
- いつもよりもゆっくり、大きな声で話す

重い空気をつくらないようにする

- ●返事やあいづちなどは、あえて大きな声でする
- ●積極的に人に話しかけ、その場で緊張している人をゼロにする
- ●重い空気になったら、そのたびに壊して、自分の空気を取り戻す

空気が重いと、それだけで物事が大げさに見えてしまうのですが、客観的に見れば大したことなどないのです。難しいことを求められているわけでもありませんし、人の発言なんて他人はさほど気にしていません。

居心地が悪いなら、居心地をよくする。

笑顔「４段活用」のすすめ

笑顔はコミュニケーションでも、自分のモチベーション管理にも欠かせない要素です。やはり、落ち込んでいるときに落ち込んだ顔をしていれば気分もどんどん下がっていくものです。

しかし、一口に笑顔になりましょうと言っても、実は1種類ではありません。くしゃくしゃの笑顔もあれば、ちょっとはにかんだくらいのライトな笑顔もあります。

ここでは、４段階で笑顔のレベルを紹介しましょう。

笑顔100％

・100％は、大笑いして顔がくしゃくしゃになった状態（目尻にシワがたくさん）
・目は細くなって目尻が下がっている
・口もとは上の歯が8本強見えるくらい。口角が上がった状態
・写真で撮ると崩れすぎているように感じるが、人の心は掴みやすい

笑顔80％

・100％の笑顔の目より、2ミリ程度大きく開いた状態
・口元は、前から見て見える歯が上の歯8本がギリギリ見える程度におさえる
・アイドルが写真を撮るとき、歯を見せて笑っている状態

笑顔50％

・目尻は下がっているが、目力は感じるくらい黒目が見えている状態
・口角は上がっているが、唇は横に引き上がり歯は見えない
・笑顔のプロフィール写真という感じ

笑顔30％

・目はニンマリしていて癒すような優しい目
・口元は閉じていて、50％のときの口元よりゆるめる（真顔のときと比べて、5ミリ程度口角が上がっている状態）
・笑顔というより、機嫌がよさそうな、話しかけやすい表情

このように、笑顔もレベルによって適材適所があります。

さらに、相手や相手の心の状態によっても、100%の笑顔が正解というわけではありません。

間柄が近く、遠慮のない関係の場合は100%の笑顔で問題ありませんが、相手が落ち込んでいるなど、心が不健康になっているときに強い笑顔を向けると、相手にプレッシャーやコンプレックスを与える可能性もあります。

そういうときは、30%くらいの笑顔で接するのが正解です。

控えめ笑顔のほうが話しかけやすいときもある。

第5章

自分と上手に付き合うために

褒められるためにがんばるのはやめよう

人に褒められたい！

と、あなたは思うでしょうか。それは、人に褒められたら嬉しいですよね。自信にもつながります。

しかし・・・「人に褒められることが人生の優先順位で1位」になってくると、なかなかやっかいです。

「人に褒められる（人の評価）」＝「自分の存在価値」という図式になってしまうと、やったことが褒められれば安心感を得られますが、快く受け取られないと大ショック！　何をするにも一喜一憂して、余計なエネルギーを消耗してしまいます。

家族や上司の機嫌も、いちいち気にしなくてはならないでしょう。

そもそも人は、他人に寄りかかっている分、期待も大きくなります。**期待が大きいというのは、相手から返ってくることを望んでいるということ。**つまり、常に見返りを求めて行動するようになり、自分の心を満たしてくれる「何か」を探し続け、寄りかかり続けることになってしまうのです。

いっそのこと、最初から人に褒められなくてもいい、褒められる必要などまったくない！　と考えるようにしてみてください。

人は心変わりしますし、ライフステージや環境によって考え方・価値観も変わります。

たとえば、あなたが子どものときに好きだったもの、やっていたこと、感じていたことが、今でもまったく同じでしょうか？

そんなことはないはずです。たった数年前と今を比べても変わっているはずで、他の人だってそれは同じです。

そう考えると、人にたよって（人に満たしてもらって）生きるということがいかに不確定要素に満ちているかわかります。

そもそも、誰かに認められなくたって自分は常に存在しているのです。人に認められる必要など本当はありません。

誰かに満たしてもらうために人生を使うよりも、自分で自分を満たすようにするのが、よりシンプルな生き方に戻るための方法だと思います。

では、自分で自分を満たすとはどういうことでしょうか？

それは、**ただただ自分のあり方を「いいね！」と言ってあげること**です。

- **生きていること（健康でも不健康でも、生きているって素晴らしい）**
- **考えていること（いいことも悪いことも考えることができるなんてすごい）**
- **感じていること（心地よい、心地よくないと感じる意識がある）**

・・・といったように、不安な感情があっても、自分の好ましくないところがあっても、一切評価をしないで「いいね！」と言ってあげてください。

この時点でさっそく、「そんなことは無理！」と思った方・・・それは自分を否定していることになります。無理！ と強く反発している自分にも「いいね！」と言ってください。それも自分を認めることになります。

「それが自分じゃん。いいじゃん」と、どんなときも考えるようにしていくと、本当の意味での自信（自己肯定感）が出てきます。

他人のものさしではなく、自分の持つものさしで、自分の行動を振り返れるようになればいいのです。

仕事に人生を捧げるもよし、趣味に人生を捧げるもよし、バランス重視もよし。自分が本当にしたいことというのは、そうして見えてくるものなのです。

ここでは、一番身近でいて、一番難しい「自分」との付き合い方を考えていきましょう。

誰かに満たしてもらう人生ではなく、
自分で自分を満たす人生をつくる。

いい人を演じるのはさっさとやめよう

人生をシンプルにするのを難しくするのが、ついつい「いい人」であろうとしてしまうことです。

そもそも、いい人にも2種類います。

それは、「根っからのいい人」と、「つくられた（演じられた）いい人」です。

以前、とてもよく気のきく女性に出会いました。

彼女は、いつ会ってもおみやげやプレゼントをもってくる人で、一対一のときはもちろん、複数いれば人数分の手みやげを持ってくるのです。

マメな人だなぁと感心していたのですが、ある日のこと。彼女が例によっておみやげを用意していました。それは小さな化粧品だったのですが・・・家でよく見てみると、実は試供品のサンプルで、相当古いのか中身も劣化していることに気づいてしまいました・・・。

もちろん根っからの親切心からかもしれないのですが、彼女が「いい人を演じている」のだとしたら毎日相当のエネルギーを使っているんだろうなと思うのです。

根っからのいい人の場合、自分の行動が相手にどう映るかなんて気にしません。「したいから、する」のです。ですから、別に自分の行動が好意的に受け取られようが受け取られまいが一喜一憂はしません。

一方、つくられたいい人は、「大事にされたい」とか「認められたい」といった欲求が根本にあるので、「自分はいい人に見えるかな!?」「この行動はありかな!?」と、しきりに気にしてしまいます。

いい人であり続けようとするために使うエネルギーは大変なものです。

「いい人」というキャラクターを演じはじめたが最後、そのイメージを守るためにたくさんの気をつかい、時間を使い、場合によってはお金も使わないといけないかもしれません。

断りたいのに断れない。言いたいことがあるのに言えない。こびたくもない相手にへつらわないといけない・・・といったように、終わりのないマラソンが始まってしまいます。

いい加減、いい人をやめたい！　そう思ったら、これまでと思考を変えてみてください。

いい人をやめるには・・・、

- **人にどう思われるかを考えるより、自分がどうしたいかを考える**
- **わがままを人に言ってみる**
- **相手に尽くすことを探さない**
- **人に尽くすことをするときは、気づかれない覚悟で目立たないように行う**

いい人を続けていくと、実は「都合のいい人」になってしまいます。

いい人でないと続かない人間関係は健全ではありませんし、何より、まわりの人が果たしてあなたに本当に「いい人であってほしい」と考えているかというと、どうでしょうか？

いい人でいるために使っていたエネルギーを、もっと別の場所に注ぐようにしてみてください。

そのとき、あなたの本当の魅力がどんどん発揮されていきます。


「いい人エネルギー」を他のことに注いでみる。

嫌いな人やモノに出会ったら、「なぜ嫌いなのか」はっきりさせてみる

「あの子、何か嫌い・・・」

昔、同僚Aが後輩Bのことをこう言いました。

後輩Bは、いつも笑顔で明るい、初対面でも人懐こく話しかけてくれる子です。

「どうして嫌いなの？」と聞くと、「何か、あざとくない？」と。

しかし、「あざといから嫌い」というのは、実は論理が通っていません。その人があざとく見えようと、どんな人だろうと、自分の感情には関係ありません。

本当は、「あざとい」→「○○な理由がある」→「だから嫌い」と、その間に何らかの感情があるはずなのです。たとえば、このような感じです。

◇パターン❶「あざとい」↓「自分にないものを持っていてうらやましい」↓「だから嫌い」

魅力的な「あざとさ」があって、うらやましい。自分にはがんばっても持ち得ない。だから、うらやましくて嫌い。

◇パターン❷「あざとい」↓「敵わなくて悔しい」↓「だから嫌い」

あざといところは自分にもあるけれど、彼女は自分より長《た》けている。到底、敵わない。悔しくて嫌い。

◇パターン❸「あざとい」↓「自分の嫌いなところを見せられているよう」↓「だから嫌い」

自分のあざとさが嫌いな場合。相手を通して自分を見せられているようで、気分が悪くなります。まるで自分だから、嫌い。

大きく、このような分類が考えられます。

実際のところどうだったかというと、同僚Aは「あざとい」振る舞いは一切ないタイプ。人と必要以上にコミュニケーションをとらない、後輩Bとは対極の性質です。と考えると、答えはおそらく「あざとい」→「自分にないものを持っていてうらやましい」→「だから嫌い」という❶のパターンだったのでしょう。

人間ですから、好き嫌いがあるのは当然です。

特に「嫌い」という感情は、自分の中のふれられたくないもの、認めたくないものが揺さぶられて生まれることがあります。つまり、相手の中に自分のコンプレックスを「刺激する何か」があったりすると、起きる感覚なのです。

無意識のままでいると「何となく理由はわからないけれど嫌い」のままですが、少し深掘りしてみると、何が原因で相手のことが嫌いなのか、苦手なのかがよくわかります。

そうなってくると、問題は相手にあるのではなく、自分自身の中にあるのだとわかり、必要以上に攻撃的になって消耗することは少なくなってくるはずです。

「人は自分を写す鏡」と言われているように、人を通して生まれる感情には、必ず理由があります。向き合うことはしんどいかもしれませんが、心に余裕があるときにはぜひその理由を分析することをおすすめします。

手順は次のとおりです。

なぜ嫌いなのかを分析する4つのステップ

❶「嫌い！」と反射的に感じたときには、その気持ちを否定せず、「嫌いだと思っているな」と認め、受け入れる

❷その人（事柄）の何が嫌いかを思いつく限り挙げる

（例）「口がうまい」「調子がいい」「あざとい」「もたもたしている」

❸挙げた要素の中で、自分が「克服したい」と感じているものを見つける

❹その上で、「自分とはまったく違うものを持っているから嫌い」なのか「自分より優れているから嫌い」なのか「自分と同じものを持っているから嫌い」なのか分類する

と、このようなプロセスで分類していくと、感情の理由がわかります。そして、自分の何に課題意識を持っているかがよくわかるのです。

基本的に、その課題とは自分が「短所」と感じているものであり、別のところでもお伝えしたように、短所とは必ずしも克服すべきものではありません。あくまでも自分を構成する要素の中の一つで、それがあるからといって自分の価値が劣っている、ということではまったくないことを確認してみてください。

その要素は、別の長所で十分にカバーができるものですし、他の誰かになろうとしなくても、自分には自分のよさがある、というところに立ち返ってみましょう。

余裕があればよいのですが、心や時間にゆとりのないときに短所を克服しようとするのは逆効果（よけいに自分に嫌気がさしてしまう）になることが多いのです。

自分を受け入れるためには、

- 「嫌いと感じている」という事実を受け入れ、否定しない
- なぜ嫌いなのか要素を挙げる
- その要素の中で、自分が特にコンプレックスだと感じているものを選ぶ
- そのコンプレックスは、「自分にないからうらやましいのか」「自分より相手のほうが優れているから悔しいのか」「自分も同じところがあるから嫌気が差すのか」分類する
- その上で、そのコンプレックスがあるから自分の価値が下がるわけではない、と確認する

嫌いなものは、自分の投影。
投影されているものに、大事なことが隠れている。

それでも、苦手な人と接しなければいけないときに試す5つのこと

嫌いなものには理由があると言いましたが、しかし、嫌いで苦手なんだけれど、どうしてもかかわらなければいけない人と接することが、人生には訪れるかもしれません。

あるとき、私には**悪魔のように苦手だ**と思う人がいました。

その人は、仕事が順調なときには「そんな仕事で満足なのか」とあおり、ちょっとでも風邪をひいたら「体調管理もできないのか」とつついてきます。

いつ何時でもこちらを攻撃してくるので、だんだんとノイローゼ気味になり・・・

しかし、仕事でどうしても関わらなければなりません。

それがイヤでたまらず、「大丈夫。私は彼を嫌いじゃない、苦手じゃない」と繰り返して自己暗示をかけてみるのですが、まったく効果がありません。

あ～これは困った。どうしたものかと悩んでいるとき、彼と共通の知人に会い、ついグチをこぼしてしまいました。

さぞ悪口で盛り上がれるんだろうと思ったのですが・・・しかしその人は、「え～？ 気づかなかった！」と言ったのです。それどころか、「他人のことを心配してくれるし、いつも前向きだし、努力家だよ」と言います。

まさか！ とショックを受けたのですが、過剰にネガティブに捉えていたのかもしれない、と思い直しました。

そして、せっかくの機会なので、嫌いな彼ともっと向き合ってみようといくつかの試作をしてみたのです。

それが次のようなアクションでした。

❶彼と顔を合わせなければならない日は、鏡の前で彼のことが好きだと笑顔で暗示

をかけてみる
↓効果なし。ただし、「嫌いだ」「嫌いだ」と言い続けているより、ウソでも「好きだ」とポジティブに言える自分のほうが好きだとわかった

❷**嫌いなところと同じ数だけいいところを出してみる**
↓効果なし。誰にでもいいところはあるものだな・・・とやや客観的になれる（ただし、嫌いな数だけいいところを出すのはかなり大変）

❸**攻撃されても、「そうだよね、あはは〜」と笑って受け流す**
↓効果あり。攻撃の手はゆるまないが、空気が軽いままで済む

と、試していった中で、もっとも効果あり！　と思ったのは次の方法です。

❹**嫌なことを言われたら、心の中で解説者になり、実況中継をする**

相手が攻撃をしてきたらスポーツの解説者になり、「またいつもの批判が始まりました。こちらは黙っているだけなのに、それを意見がないと決めつけました～。そんなことで優越感を味わっているようです！」

・・・この方法だと自分の自尊心も傷つかず、さらに相手のことを冷静に見ることができました。

続けているうちに相手が怖いという気持ちも薄くなってきて、「それより相手にするのもバカバカしいな」というくらいに受け止められるようになってきたのです。

そして、最後にやってみたのが

⑤ それでも、がんばって接している自分を褒める

でした。

「こんな嫌いな人を相手に、よくがんばってるわ、私。今日はいいことがありそう」

というように、自分を褒めてみたのです。

そうすると、重くて重くて仕方なかった心も、だんだんと軽くなっていきました。

それ以来、彼ほど苦手な人には会わなくなったものの、このとき向き合ってみたことで耐性ができたのは事実だと思います。

もし、苦手でしょうがない（しかし、付き合っていかなければならない！）という人がいた場合には、試してみてください。

苦手な人は、決して心の中に入れず、距離をつくることで受け流す。

失敗のレッテルを貼っているのは自分だけである

私は失敗したことがない。

ただ、１万通りのうまくいかない方法を見つけただけだ。


とは、かのエジソンの言葉です。

そんなふうに捉えられたらいいなと思うものの、私たちは何かにつけて、失敗したときにはついつい落ち込んだり、引きずったりします。

以前、お客様へのミスで大きなクレームを起こしたことがありました。

長時間の対応でチーム全員にも迷惑がかかり、申し訳なくなって「このまま消えてしまいたい・・・」という気持ちになり、「これは職場にもいづらくなってしまうな・・・」と、もんもんとした思いを抱えていました。

そんなトラウマを抱えながら1年ほど経った頃、そのときに迷惑をかけた先輩と話す機会がありました。もう一度謝るチャンスだと思い、「以前、あの件ではご迷惑をおかけしました」と伝えると・・・。

「そんなことあったっけ？　人違いじゃない？」と、ケロッと言うのです。

私をかばって言っているわけではなく、本当に忘れているようでした。

そう。ただでさえ忙しいこの世の中、自分の失敗したことなど他人はいちいち覚えていません。「人の噂も七十五日」と言うように、季節が変わる頃には誰もうわさすらしなくなります。

「失敗した」というレッテルをいつまでも貼っているのは、自分だけなのです。

もちろん、トラブルやミスを起こしたことには、責任があります。ですから、冒頭のエジソンの言葉のように捉え方を変えてみましょう。
失敗の捉え方を変えていくには、

- **失敗したら、「発見」の機会だと考える**
- **失敗からの学びを活かす方法を抽出する**
- **すべきことをしっかりしたら、あとはもう気にしない**

このようなサイクルをつくっていくことで、引きずって悩む時間をなくしてしまいましょう。

失敗した事実を気に病むのではなく、経験から学んだことだけ活かす。

「かまってちゃん」な相談はやめよう

ある仕事終わり、私は後輩から相談を受けました。

その表情は真剣で、さぞかし悩みが深いんだろうと、相手の話にじっと耳を傾けます。

共感して、あいづちを打って、なだめたり・・・そうして最後には晴れやかな表情で「ありがとうございました！」と言ってくれました。

あ〜、お役に立てたようで何よりだわ、と達成感を感じたその10分後です。

同じ後輩が、同じ場所で、別の人と話をしていました。その表情は険しく、あれ？

何か別に悩みでもあるのかしらとちょっと聞き耳を立ててみると、

さっきとまったく同じ話をしていたのです。

時間を返して・・・と思ったのは言うまでもありません。

たしかに、切羽詰まったときというのは、「誰でもいいから話し相手がほしい」という気持ちになります。

問題は、相談の仕方やその内容です。

相談をするときには、次のことを意識してみてください。

❶終わりの時間を先に伝え、その時間内に終わらせる
❷相手のアドバイスが求めたものと違っても、それ以上違う方法を求めない
❸相談をしたあとの経過や結果を伝える

特に、エネルギーを奪いがちなのが❷のパターン。相談があると言いながら実は自分の中に答えがあるのですが、後押ししてほしくて自分の望むアドバイスが出るまでねばる・・・というのは非常によくありません。

このようにただ話を聞いてほしいのが目的なのであれば、**「本当にごめん！　ただ話を聞いてほしいだけなんだけど、10分だけ付き合ってもらっていい？」**と、悩み相談ではなく話を聞いてもらいたい旨を先に伝えると相手も心構えができます（素直でかわいげもあります）。

また、忘れていけないのが3つ目。相手の時間を使わせたら、礼儀として相談した

あとのお礼と合わせて、どうなったかの経過報告や結果を一言でも伝えておくとよいでしょう。

相談では、ねばらない。
他人の時間やエネルギーを奪わない。

不機嫌なときは、掃除をするに限る

怒りや不機嫌などの感情・・・何でもないときにはある程度おさえられることでも、悩みがあったり、気分の悪いことが起きたり、体調が悪かったりすると簡単ではありません。

マインドフルネス（瞑想）やヨガ、心理学的にはアンガーマネジメントなど、いろいろと手法はあります。・・・が、やっぱり乱れるときには乱れてしまうものです。

そこで、**感情をおさえつけようとするのはやめてみてください**。

これじゃあいけない！　なんでこんなにイライラしてるんだ！　どうして不安なんだ！　もっと元気にならなければ！　と、あふれ出る感情に注目していると、そんな自分自身がダメなんじゃないかと、ますます感情が高ぶってしまうのです。

では、何をすればいいか？　簡単です。

部屋の掃除をしてください。

昔、仕事の失敗がきっかけでどうにも感情がコントロールできないことがありました。最初は「こんなんじゃダメだ！」と無理やりでも元気を出そうとがんばっていましたが、心は簡単についてきません。何とか会社に行って、早く休みになってほしい・・・と1日を過ごし、休日になれば何もせず寝て終わる・・・そんな時間をしばらく過ごしていました。

掃除もろくにせずにいたので、だんだんと部屋も散らかり、2週間もすると足の踏み場を選ぶように。

まるで自分の心の状態を見せつけられているようで、さすがにこれはまずいかもしれない・・・と重い腰を上げ、掃除をすることにしてみました。

しかし、なかなかの散らかりようで、やることはたくさん。気が重かったものの、不思議なもので一度やりだすと黙々と集中し、気づけば夜通しの掃除になっていました。
そして朝方・・・掃除が終わった瞬間に驚きました。

「お腹がへった～」と感じたのです。

身体は心地よく疲れ、心も晴れやか。久々に食事をおいしいと感じ、その日は泥のように眠りました。

翌朝目覚めても、心のすっきり感は変わりません。つきものが落ちたように晴れやかなのです。驚くほどストレスなく仕事に向かえました。

イライラしたり悲しかったりするとき、その出来事のことを考えれば考えるほど、怒りや不安は増大していくと脳科学や心理学の研究でわかっています。

そういうときには、感情を刺激することから意識を離すことが重要です。

具体的には、掃除のように没頭できる単純作業はもってこい。野菜をひらすら切るとか、一定のペースで歩き続けるとか、そういったことが意識を離すのに役立ちます。

掃除がおすすめな理由は、掃除をするといらないモノをどんどん捨て、たまったほこりをきれいにして、水回りを清潔にして、窓を開けて部屋の空気を入れ替えて、部屋に日光を入れて・・・と、物理的にも精神的にもスッキリする要素がてんこ盛りだからです（衛生的にも風水的にもよくなります）。

あふれ出てきた感情は、おさえなければ！　ではなく「放っておいて、黙って掃除」。

このような一定のルールを決めておくと、感情の波と付き合っていくことができます。

感情は、おさえようとしない。しかし、付き合いもしない。だから、無心で掃除は最強。

脱「自虐」のすすめ

人から褒められたとき、あなたは素直に喜ぶでしょうか。それとも、「いやいや・・・」と謙遜するでしょうか。

ある日のこと。「スーツの着こなしが素敵ですね」と伝えると、その男性は「スーツが素敵なだけです」と答えました。「イキイキ輝いてますよね！」と言ったときには「顔がテカっているからです」と。

そう、受け答えのほとんどが「自虐」の方向なのです。

- **「スーツが素敵なだけで、私なんて素敵ではないです」**
- **「顔がテカっているだけで、私は輝いていません」**

これらは、謙遜を通り越して強い否定。謙遜を通り越した自虐は、「いい」と思って伝えてくれた相手を否定することにもなり、いい習慣とは言えません。

では、**どうして必要以上に自虐をしてしまうのかというと、「自分を守るため」**だと言えます。

自分の弱点は、人に指摘されると痛いものです。だからその前に、自分で伝えることでショックを和らげようとしていることもあります。

それに、自虐的に開示しておけばたいていの人は「そんなことはない！」と否定してくれるでしょう。その否定が承認されたように感じ、自己肯定感を高めようとしているわけです。

加えて、自虐で自分を落としておけば、相手と競り合わずに済みます。

・・・と、このような心理が働いて自分を守っているのですが、自虐とは言葉のとおり、自分を虐げるものです。

短所を強くフォーカスすることでセルフイメージが低くなり、その言葉どおりのキャラクターをつくってしまう原因になります。

「もうおばさんだから」と自虐的に言う人は、本当に疲れたおばさんのように弱々しく見えますし、「どうせ私なんて・・・」と言う人は、自分をあきらめている顔になっています。

不思議なもので、冗談で言っていても本当にそうなっていってしまうのです。

そういう私も、「謙遜を通り越した自虐」をよくしていた時期があります。「私のキャリアは大したことがないので・・・」と言い訳がましく言い、何か褒められても、「いえ、ひどいものです」と否定したり。そんなことを続けていたら、すっかり自信を失ってしまいました。

たとえば、心が健康な状態のときは少々困難なことがあっても、「きっとやり遂げられる！　成長のチャンスだ！」と前向きに思えたことも、落ち込んでいるときには「あ〜、大変な仕事・・・気が重いなぁ・・・嫌だなぁ・・・」と、前に進めなくなってしまうのです。

これでは、うまくいくものもうまくいかなくなります。

脱自虐のための習慣

もし自虐がクセになってしまっている人は、次のような習慣で脱却をはかってみてください。

●最近の自分の「ファインプレイ」「お手柄」を書き留める

↓自分でよくやったと思えることをどんな小さなことでもいいので思い出してみてください

●褒められたときには、「嬉しい感情」を伝える

（例）「仕事が早いですね」と言われたら

×「ぜんぜん早くないです」・・・相手に失礼で、空気も悪くなる
×「よく言われます」・・・自慢に聞こえることもある
○「嬉しいです！」「照れます」

自虐をしすぎると、どんどんこじらせていってしまいます。
自分の気持ちに素直になって、ピュアな自分をぜひ取り戻してください。

自虐で自分を守ろうとしない。
嬉しい感情を素直に出してみる。

第6章

酸いも甘いも噛み分けるために

見た目やステータスに惹かれるときこそ、「人間としてどうか」を厳しく見る

結婚式のスピーチでよく使われるフレーズで、「結婚前には両目を開いて見よ。結婚してからは片目を閉じよ」というものがあります。決断前には、相手の長所も短所もよく見て判断する。決断したら、長所をよく見て短所は大目に見るという教訓です。

しかし、これが難しい。「あばたもえくぼ」というように、最初に「タイプ！」「好き！」と思ってしまうと、相手のすべてがよく見えてしまいます。

ある男性は、「パートナーは裏表ない人がいい！」と言っていました。

そんな彼が結婚を考えているという彼女は、見た目がストライク！　という人で、「この人しかいない！」と思ったそうです。

しかし話を聞いていくと・・・その彼女は自分の職場を「丸の内（※都心のエリート企業の多いエリア）」だと言っていたそうなのですが、共通の知人によると、彼女の職場は「ずっと郊外」だったことがわかったというのです。

彼は「働く場所なんか大したことない」と言うのですが、一時が万事。ゆくゆくは結婚を考えるのであれば重要なことではないかとまわりは言うのですが、聞く耳を持ちません。

また別の女性の話。常々、「男性は優しくないとダメ」だと言っていた彼女に新しくできた彼は、収入も職業も立派なエリート。ですが、とても不誠実な人でした。「それでいいの？」とまわりに言われても、彼女は「現実はこんなもの。これが普通よ」と、片づけようとしていたのです。

・・・結局、残念ながらどちらの友人も、あとで泣きを見ることになってしまいました。

冷静なときにはどんな人が理想でどんな人は避けるべきかわかるのに、「タイプ！」と思う人があらわれ感情的になってしまうと、片目でしか見なくなってしまいます。よくない部分も、「相手の個性」だと目をつむってしまうのです。

傾向としては、男性は女性の見た目に弱いので、女性の外見が好みすぎると心根の部分を見逃しがち。また、女性は男性のスペックに弱いので、社会的に信用されている職業とか、名の通った会社にいるというだけで片目をつむってしまい、問題を感じても気のせいとして片づけてしまいます。

では、どうすればよいのでしょうか？

それは「異性」として見る前に、好きだと思ってしまう前に、「人として真っ当か？」という視点で見極めます。

そのためには、第三者とのコミュニケーションの様子を見るのがおすすめです。

具体的には、次のようなところを観察してみてください。

❶どんな立場の人にも公平な態度か

食事の場などでお店の人に対して横柄でないか。また、自分より下だと思った人には話しかけないといった態度はないか

↓片目で見ると、我が道を行く強引さ、わがままさがクールで素敵に見えてしまう

❷話を傾聴できるか

どんな人の話も落ち着いてしっかり聴くか、それとも興味なさそうにしているか

↓片目で見ると、自分の世界を持っている、ミステリアスに見えて魅力的に見えてしまう

❸人に関心を持てるか

相手に質問したり、相手中心に話を進められるか、それともどんな話も自分の話に持っていくか

↓片目で見ると自分の話＝誇示するものがたくさんあるように見えて、すごい！と思ってしまう

❹言葉一つを大事にするか

あいさつ一つを大事に心を込めて行えるか、それとも流れ作業のように行うか、または省略するか

↓片目で見ると、不良っぽさがこなれているように見えます

⑤人に正誤をつけないか

人の意見をまずは認めている（受け止める）か、それとも評価するか
↓片目で見ると、仕事ができるから人の評価もできると勘違いします

どれも他人に置き換えると「そんな人はダメだ」とわかるのですが、色恋のフィルターがかかってしまうと、これらの人間性をスルーし、さらには「いいところ」のようにも見えてしまいます。

あとで「間違えた！」とならないようにするには、好みかどうかの前に冷静なフィルターを持つ目が必要なのです。コンピューターのように客観的に分析してみてください。

そもそもの話、**パートナーとの間で幸せを感じている人は、コミュニケーションがうまくいっています。**

何か問題が起きても2人で意見を言い合い、相談しながら解決ができますし、お互

いに気持ちを伝えて不安や不満も理解し合っています。それは、色恋は関係ない真っ当なコミュニケーションで成り立っています。

脳科学でも、恋愛感情は3年で終わると言われています。愛情の形は変わっていくのです。

男たらし、女たらしも魅力的だと思いますが、真っ当なコミュニケーションができる「人たらし」かどうかを見極めましょう。

勢いで走り出す一歩手前で一度、冷静になる。

他人からの期待にふりまわされないために

人から期待をかけられるのは、嬉しいこともある反面、プレッシャーになることもあります。

期待してくれている人の顔が浮かび、「うまくいくだろうか?」「もし、失敗したら?」とよけいな負担を感じてしまう人も多いのではないでしょうか。

人生をシンプルにする方法としては、人の期待は無視するようにしてみてください。

無視というと冷たいように聞こえますが、そもそも、人の期待というのは大したものではないのです。

「期待してるよ」という言葉は、「がんばってね」の言い換えであったり、単なる社交辞令の場合もあります。

あるいは、利害関係があって、あなたにがんばってもらえるとその人にとって「都合がいいから」がんばってと期待をかけていることもあるでしょう。

期待をかけるというのはあくまでも相手側の都合であって、そこに振り回されてしまっては本末転倒なのです。あくまでも、自分がなすべきことだけを考えていいのです。

それくらいドライに考えるようにしないと、期待は重荷になってしまいます。


その点、お手本にしたいのがプロのスポーツ選手です。

プロのスポーツ選手は、人からの期待をかわすのが上手です。たとえ大きな期待をかけられていても、観客の声援がどんなに騒がしくてもぶれません。

あくまでも自分のあり方が中心にあって、人からの期待と自分が混ざらないように区切っているのです。

たとえば、イチロー選手は二軍にいたとき、独自の振り子打法をコーチに否定されたそうです。しかし、「自分はこれがいい」と信じ、貫きました。また、元祖大リーガーの野茂選手は「エラーは誰でもする。外野手がエラーをしても点を取られた自分が悪い」と、すべてのプレー、結果は自分の責任であると考えていたと言います。

２人とも、「自分」の考えがブレず、しっかりしています。だから、ここぞという場面で期待がかけられても勝負強く、自分の実力を発揮できるのです。

誰かに期待をかけられたときは、

期待には感謝しつつ、しかし、大げさに反応せず、すぐに手放して忘れる

●人の期待は相手側の都合だと考え、自分のやるべきことをしっかりやる
●自分が未熟であることを認める。過信せず進める

こうしてニュートラルな状態を保つように心がけましょう。

あえて、相手からの期待値を下げる

また、相手がむやみに大きな期待を抱いてきたなぁ・・・という場合には、自分も重荷に感じないように、相手の期待値を事前に調整する方法もあります。

●確実にできるレベルを伝える
「がんばってみます。最低限、これだけは致します！」

●範囲を限定し、すべては対応できないことにしておく

「それは難しいと思いますが、これは致します」

●確実にできる目安を低めに明示しておく

「この程度だと思っておいてください」

自分を大きく見せようとせず、できる範囲内のことをきちんと言える（そしてそのとおりに行う）ことは、信頼を積み重ねるために非常に重要なことです。時と場合に応じて、使ってみてください。

他人の期待を大ゴトにとらえない。応援してもらってるんだ、くらいの軽い気持ちで。

会わないと続かない人間関係は手放していい

「あの人は投資家なんだけど、出資したサービスが連続大当たりで、つながっておいたほうがいいよ」

・・・なんて、交流会などに出るとよくある会話があります。

私自身、以前はたくさんの人を知っておいたほうがいいのではないかと思い、お誘いにはなるべく顔を出すようにしていました。

そして、だんだんとグループのようなものができ、飲み会や会合に出入りしていました。

最初は交友関係が広がっていくのが楽しかったのですが・・・時間が経つにつれて

だんだんとつらくなってきたのです。

何となく居心地がよくなく、無理やり話を合わせている感じがして、ストレスを感じるようになりました。

それでも、「つながりは大事だし・・・」「断るのも悪いし・・・」と、なかなか「行かない」という決断ができなかったのです。

「何だか気が進まないなぁ」とダラダラとした時間を過ごし、会合などがあるたびに「断ろうかなぁ・・・行かないとダメかなぁ・・・」と、ムダなエネルギーを使ってしまいました。

結局、何ヶ月か経ったあとようやく「ごめんなさい、行けません」と伝えられたのですが、そのときのすっきり感は素晴らしく大きいものでした。

よっぽどストレスだったんだなぁ・・・早くやめればよかった・・・と、反省した

出来事でした。

不思議なもので、そうしたグループをやめたら、またすぐに別の人との出会いが生まれます。

人付き合いをやめたとしても、必要な出会いというのはまたやってくるものなのです。

しかし、**空いたスペースがなければ、新しいものは入ってこれません。**

気が進まない、ストレスを感じる人間関係があるのであれば、それはきれいに手放してしまうのがおすすめです。

会わなければ続かない人間関係はさっさと手放していったほうがラクになります。

ストレスを感じる人との付き合いはやめる。やめても、必要な出会いがまたやってくる。

求められることをどうやれるかで、仕事での存在感が変わる

「やりたいことが他にあるのでやめます」・・・なんて、転職などでよくある理由です。しかし、「やりたいことが他にあるのでやめます」と言って職を変える人は、結局どんな会社に行っても同じ理由でやめる傾向があります。

そもそも、「やりたいこと」と「やっていること」が１００％マッチしている人がいるかと言えば、そういう人はいないと言ってもいいかもしれません。

アーティストの福山雅治さんは、もともと「ロック」をやりたかったそうです。でも、彼が活動初期で求められたのはポップやバラード。その上、モデルや俳優まで求められました。

本当はやりたいことではなかったそれらの活動を経て、今の人気があります。

また、一般的な職業でも、結果を出して大きな仕事をするにつれてマネジメントに回ることが増え、比例して雑務がどんどん多くなっていきます。人の問題、組織の問題、さまざまなことにぶつかることも増えるでしょう。

一つの会社で勤め上げる場合も、独立しても同様で、たくさんの業務をこなしながら自分の本来の専門分野の仕事を続けていかねばならないのです。

本音は、もっと存在感を出したい

このように、やりたいことだけをやって仕事をしている人というのはまずいません。

そもそも人が「やりたいことが他にある」と言うとき、その本音は「もっと自分の存在感を出したい」というパターンが多いのではないでしょうか。

私自身も最初の会社をやめて新しい職種についたとき、能力も経験もないことを負い目に感じて、いろんなことに手を出して、仕事でも独自性を出そうと躍起になっていました。

「○○をしたらどうでしょうか？」とオリジナルの提案をするのですが、「いやそれは・・・」と、お客さんには断られ続けます。

自分の存在感を出そうとするのが一番の目的になり、お客さんの要望を無視した提案ばかりしているのですから、そうなるのは当然です。

一方で、自分の存在感は置いておいて、お客さんが求めることをきっちり行えたときは「次は山田さんのおすすめのものをお願いしようかな」と、先方から提案してもらえることがよくありました。

そう。**まずは求められることを求められた以上の**

クオリティで行うということが、より存在感の大きな仕事をするための秘訣なのです。

単純なもので、自分のやったことが誰かに認められると、「やってよかった」「これも大事な仕事なんだな」と意識がガラッと変わっていきます。

「求められていることがあるのはありがたいことだな」と思えるようにもなるのです。

どうしてやりたいことができないんだろう？　ともんもんとしているときこそ、今求められていることに全力投球してみてはどうでしょうか。

一度やれることをやってみたあとで、それでも他にやりたいことがある、今の仕事ではできないことがあると感じたなら、それは本物の「やりたいことが他にある」状態です。


やりたいことをやるためには、同じくらいの熱量で求められていることをやってみる。

うまくいけば楽しいし、うまくいかなければ楽しくない

子どもの習い事が続かない一番の理由は何だと思いますか？

それは**「うまくできないから（活躍できないから）」**。

ですから、子どもの習い事を続けさせたい場合には、親が習い事に出す前に基礎を教えて、ある程度のスキルを習得させておくことだと言います。

これ、仕事でもまったく同じではないでしょうか。

やりたくない仕事を前にするとなかなか前向きな姿勢でできませんが、それは「うまくできる」という実感がないし、そのために何かを工夫をしようともしないからです。

以前やっていた仕事の中に、お客様に商品を見せて回って販売する業務がありました。入社したばかりのとき、この仕事がイヤでした。

毎回まったく売れず、時間のムダだなぁ・・・興味があるお客様に会ってないんだろうなぁ・・・とイヤイヤやっていました。

すると先輩から「回ったのは1周だけ?」「ゆっくり見てもらえるように回ったの?」と問い詰められるのですが、「2周回ってなんて指示されてないし」「ゆっくり見てもらう時間なんてないし」と心の中で悪態をつく始末・・・。

ところがあるとき、このカート販売が上手な有名な先輩と一緒になります。

そのやり方を見せてもらうと、驚くことばかりでした。

まず、カートに載せる商品の見せ方から違っていたのです。お客様から見えやすくなるように台をつくり、その上にきれいに商品を飾ります(私は何も考えずテキトーに乗せるだけでした)。

そして、回る際にはお客様に個別に話しかけ、まったく興味がなさそうな人たちがいくつも商品を買っていくのです。

え、そんなに違うの！　と衝撃を受け、私も売ってみたい！　という欲求が出ていました。

そして次の機会、先輩のマネをしてみたのです。

先輩のようにきれいにディスプレイするにはどうすればと考え、回るときもいつもより明るい声でおすすめしながらゆっくり回り、お客様一人ひとりと目を合わせてみました。

すると、お客様によって関心度合いがまちまちであることに気づき、少しでも長く目が合う人には一歩踏み込んで話しかけてみました。

そうすると、「商品を手にとって見たい」というお客様も出てきて、商品説明を聞いてくれたのです。

そうした小さな改善が結果につながっていくことに達成感を覚え、商品が売れたときにはカート販売の仕事がすっかり好きになっていました。

このように、仕事の好き嫌いというのは、実は単純なことなのではないかと思うのです。

うまくいけば楽しいし、うまくいかなければ楽しくない。

では、楽しくするには、うまくいくようにするにはどうすればいいのでしょうか？

それには「人にやらされている」という感覚から抜け出し、自分でハンドルを持つことです。

環境のせいでできない、おもしろくないと思っていることでも、実は自分で工夫してみるとおもしろみが出てくることもあります。

自分の責任で、自分の仕事としてやってみることで、新しい世界が開けるのです。

自主的にやったことの一部でもうまくいくと、
仕事は急に楽しくなってくる。

成功談ではなく、失敗談を語れる人になろう

数年前、ある事業家の講演に行きました。テーマはその方の輝かしい軌跡について。その事業家がこれまでどんなご縁に恵まれていたのか、どんな仕事がうまくいったのかという成功談が次々と語られていきました。

「へぇ！　すごい！」と、最初は感心しうなずくことも多かったのですが、しかし、それも最初だけ・・・。だんだんと「はいはい・・・すごいのはもう十分わかりました・・・」と辟易《へきえき》してきて、最後にはすっかり関心も薄れていました。

その講演後、後ろに座っている人達の会話が聞こえてきました。

「これは○○さんだからうまくいったんだよね。私たちには当てはまらないね」

「雲の上の人だからね」

そんな話をしていました。

心の中で「そうそう！」と同感しました。成功エピソードが続くにしたがって、共感できなくなってしまったのです。


一方、別の方の講演会でのこと。

その人も前述した事業家のように華々しいキャリアを持った方なのですが、その人は講演が始まってまず、新入社員時代に自分が失敗をしたこと、そして、その失敗が原因で左遷されて屈辱的な扱いを受けたことを話しはじめたのです。

その場にいた誰もが姿勢を正して、固唾をのんで聞き入ってしまいました。

人をひきつける人は、失敗談をより魅力的に語るものです。

スティーブ・ジョブズ氏も亡くなる直前、スタンフォード大学の卒業式でのスピーチで苦い失敗や後悔について語りました。

自ら創業した会社をクビになり大きなショックを受けるも、そのことがきっかけで大切な人と出会ったり新たな仕事を始めたり、自分の側面に気づけたり、いいこともたくさんあったと語るそのスピーチは、彼のことを嫌う人でさえも惹きつけられる「伝説のスピーチ」と呼ばれています。

人生には、さまざまな局面があります。

成功を追い求めてがむしゃらに働く時期。もんもんと悩む時期。プライベートを大事にしたい時期・・・そうした酸いも甘いも経験して、人は自分が何者なのか考えていくのかもしれません。

そう考えていくと、「どれだけの成功をしたか」という事実の数ではなく「どんな経験をして、そこから何を学んだか」をいかに積み重ねるかで、人としての磨かれ方が変わってくるのではないでしょうか。

自分の人生を振り返ったとき、学んだことの多い人生にしたいものです。

成功の数は問題ではない。
経験で学んだ教訓の数や、質が、人を磨いていく。

第7章

自分の人生を歩んでいくために

感謝を忘れないために必要な2つのこと

自立するというのは、非常に難しい問題です。

経済的には何とかなっていても、精神面で自立しているかというと、これが別問題。人はいつまで経っても人に甘え、精神的なよりどころを求めてしまうものです。パートナー、親子、上司部下との関係でも同様です。

では、なぜ甘えることがよくないのでしょうか？

それは、甘えが強くなってくると、依存的になり、だんだん感謝をしなくなるからです。

「してくれてあたりまえ」になり、してくれないことへの不満が目立つようになり、相手への言葉も思いやりがなくなり、それによりだんだんと互いが不満を溜めていき、関係が悪化していきます。

世の中の人間関係の多くは、そうしてバランスを崩していくのです。

しかしこれは、甘えるほうだけの問題ではありません。相手を甘えさせてしまう行動も控えないとなりません。

たとえば子どもにお小遣いをあげていたとして、そのお小遣いを使い切ってしまったとき。あなたならどうするでしょうか。

A　叱りながらも追加する

B　次の月の分を早めにあげる

C　何を言っても、一切あげない

・・・AとBのように、可愛さのあまり何だかんだで親が援助してしまうと、子どもは「結局親にたよれば何とかなる」と考え、自立できません。

一方、Cのように毅然とした対応をとられると、子どもは何とかしのごうと頭を働かせ、危険を予知するようになり、自分で意図を持って行動するようになります。

これは上司と部下の関係でも同じです。

上司の側が、「部下に任せても結局、ミスされたら自分の仕事が増える」と、仕事を経験させないと、やはり部下は成長していきません。

上司は部下の自立を目的に、失敗も含めてどんどんチャレンジさせたほうが、結局は互いのためになるのです。

もちろん家庭や恋愛関係も同様で、相手の要求に対して何でもイエスを言い続けていくと、依存

関係は深まるばかりなのです。

甘えすぎない、甘えさせすぎないために

そうならないように、甘えすぎないように、また甘えさせすぎないように心を整えておく必要があります。どのように整えるかというと、

甘えすぎないために

- 親、パートナー、上司も1人の人間。完璧でも理想どおりでもないことを知る
- 相手の意見をうのみにせず、自分の意見を持つ
- 環境や人のせいにしているのは、自分の甘えだという認識を持つ

甘えさせすぎないために

- 相手にアドバイスすることが明確なときほど、気づくのを待つ
- 相手が大怪我しない程度のことは、あえて経験させる
- 都度、意見や考えをたずねる
- トラブルがあっても、よほどのことでなければ見守る

このように考えてみてください。

完全に自立するというのは難しいことかもしれませんが、人生を不満だらけにしないためにも、それぞれが自分の足で立つことが人生には必要なのです。

甘えが強いと、人は感謝できなくなる。助けること、助けられることをあたりまえだと思わないようにする。

自分を惑わすものは捨ててしまおう

服や靴など、身の回りのものを断捨離する機会はあるでしょうか？

長い間私は捨てることが苦手で、ずっと買ったものをとっておくクセがありました。中には新卒のときに買ったような服もあって、「流行は巡るものだ」とか「いい思い出の詰まった服を捨てたくない」とか、単純に「高かったのにもったいない」とか、さまざまな理由をつけてなかなか捨てられずにいました。何年も着ずに、ただ保管してある状態です。

しかし、引っ越しのタイミングで一気に整理してみようと決意し、捨ててみたのです。

するとどうでしょうか。

「生まれ変わったみたいにスッキリ」したのです。

何だろうこの爽快感は！　と感じたそのとき初めて、ものに執着していた自分に気づきました。ものに執着していたというよりも、当時の記憶や出来事、そのときの自分の姿に執着をしていたのでしょう。無意識のうちに、それを捨ててしまうと自分が自分でなくなってしまうような、そんな感覚に支配されていたのです。

ものには、人の心を惑わす力があります。

もう10年も前になりますが、私は「何としてでも幸せになりたい！」と思って日常的にパワースポット巡りをしていた時期があります。

その土地のパワーを持ち帰ろうと、神社のお守りや石などを自宅に持ち帰っていました。ぶれぶれで不安定な自分を、それらのグッズが守ってくれると思ったのです。

しかし、日に日に自宅にパワーグッズが溜まっていき、にぎやかになり、にぎやかを超えてごちゃごちゃしはじめます。

片付けが大変になり、私の精神状態はぶれないどころか・・・ますます不安が増していました。

部屋の様子と自分の心の状態を考えたときに初めて、「私、まずい状態だ」と気づいたのです。

そのように、**不安定なときほど人はものに執着をしてしまいます。**

まったく必要でないものを買い集め、見栄のための買いものをし、自分の不安を埋めようとするのです。
・・・が、当然、買ったもので人生が変わるほど甘くはありません。むしろ、買えば買うほど、不安は増していきます。

不安を解消するには、ものに執着をする自分と決別することが何よりも重要なことなのです。

捨てることで、心に余裕ができる

では、執着から離れるにはどうすればいいかといえば、捨ててしまうことです。

「捨てるのが怖いなぁ」、「せっかく買ったのに」と、心がざわつくアイテムほど、思い切って捨ててみます。

思い切って捨ててみると、驚くほどのすっきり感と、「なんでそんなことにとらわれていたんだろう?」と拍子抜けするような感覚になります。

そして、あらゆることへの執着がなくなっていくのです。

激しかった感情の起伏が穏やかになり、不思議と自分にも他人にも過剰に期待しなくなりました。期待しないことで、裏切られるような落ち込みも減りました。

そうなってくると、人生に必要なものとそうでないものも整理できます。

気づけば、「幸せになりたい！」という欲求もなくなっていて、心に余裕ができたのです。

自分の人生を生きるということは、飾ることでもなく、プライドを守ることでもなく、満たそうと努めることでもありません。反対に、そういったものを捨てることです。捨てることで、とらわれない心になります。

他人の声や、自分の過去や、世相など、自分を惑わすものときちんと距離を起き、大切なものが手元に残るのです。


捨てるのが怖いものほど、捨ててしまう。捨てると、あっけないほどスッキリする。

心が迷うときは、誰の人生ですか？と問いかけよう

転職や独立を希望しながら決めきれない人は、

●「今の仕事が忙しいから」
●「準備ができていないから」
●「十分なお金が貯まっていないから」

といった理由で行動を踏みとどまっていることがほとんどです。
「職を変えたい」と言いながら、「でも・・・」となかなか決められないままに、気づ

けば何年も状況は変わらず・・・。傍《はた》から見ていると、そうして不安や不満を抱えながら同じような時間を過ごしてしまうのは、何ともったいないことかと思ってしまいます。

行動を起こすには、覚悟が必要です。頭で考えれば考えるほどリスクを避けたくなってしまいますので、自分の心にしたがって、えい！　と動くことも必要になってきます。

幸いなことに、覚悟には技術も知識も必要ありません。

必要なのは、受け入れることです。不安や心配事を消すのではなく、それらが「あってあたりまえ」だと受け入れて、前向きに動いていくことが、覚悟を決めることではないでしょうか。

覚悟を決めたい、決めた覚悟がぶれそうになった・・・そんなときは、次の３つを問いかけてください。

❶誰の人生ですか？
❷誰が責任を持ってくれますか？
❸最高の決断をしてくれる誰かが、他にいますか？

自分の人生の主人公は、他の誰でもなく、自分なのです。誰にも譲らず、遠慮せず、自分の人生を生きていきましょう。

自分らしい人生を選ぶことを遠慮しない。
心が前向きになる決断をする。

おわりに

人の悩みにはさまざまあります。それこそ、人の数と同じだけ悩みはあるものなのでしょう。

悩んでいるときには、「どうして自分がこんな目に遭うんだ⁉」とイライラしてみたり、どうしようも先が見えず悶々《もんもん》としてしまいます。

しかし、悩んでいるときには大きな悩みでも、あとになってみると「ずいぶんとしょう～もないことで悩んでいたなぁ・・・」「そんなに悩むことだった？」と拍子抜けしてしまうようなことがほとんどではないでしょうか。

この本でお伝えしたことは、そうやって悩みにはまりそうなとき、ぜひ思い出してみてほしいと思います。

失敗した～！　と思って凹みそうになったとき。

いい人になろうとがんばっているとき。

白黒はっきりさせなければ！　と躍起になっているとき。

世間体を気にして本音がわからくなったとき。

よくわからない不安や不満に押しつぶされそうなとき。
・・・ふとしたときに訪れる「ああ～！　めんどくさ!!!」という感覚に飲み込まれそうになったとき、試してみてください。

悩んでいるときというのは、何でも過剰に反応しすぎなのだと思います。

その、いつもより過剰になっている部分をいつもの水準に戻してあげる癖をつけていくことで、人生というのは今よりもずいぶんシンプルになっていくはずです。

いろんなことが起きますから、人生は楽勝だ！　なんて言うことはできないのですが、「思っていたより簡単だ！」くらいには、持っていけるものだと思います。

この本がその一助となることを、願っています。

[著者]
山田マキ（やまだ・まき）
短大卒業後、航空会社に勤務。客室乗務員としてVIPの接客やPR活動などに携わり、その後研修講師として独立する。
そのキャリアの裏で30代では人生に迷い、数々の失敗を経験。うまくいかないことの連続に心が折れ、自信をつけるための自分磨きに没頭したり、パワースポット巡りにのめりこんだりする。しかし、結局何をしてもうまくいかない現実に直面し、人生の抜本的な改革を決意。自身のあり方を見直し、従来の足し算的な成功法から、いらないものを削いでシンプルにする引き算のライフスタイルに移行する。世間体をつくろったり、まわりの期待に応えるための人生をやめ、完璧主義をあきらめたことで、つきものが落ちたようにラクになることを実感、仕事やプライベートを大きく好転させることに成功する。
現在は、その過程での経験も生かし、接遇やコミュニケーションに関する企業研修や個人コーチングなどで年間約3000人のサポートを行っている。著書に『あなたの魅力を爆発させる方法』（文響社）がある。

あーーーーー!!!仕事も人間関係もいろいろめんどくさ!!!と思ったら読む
人生をシンプルにする本

2019年9月18日　第1刷発行

著　者——山田マキ
発行所——ダイヤモンド社
〒150-8409　東京都渋谷区神宮前6-12-17
http://www.diamond.co.jp/
電話／03･5778･7227（編集）　03･5778･7240（販売）
ブックデザイン／本文イラスト——和全（Studio Wazen）
装丁イラスト——いらすとや
製作進行——ダイヤモンド・グラフィック社
印刷——新藤慶昌堂
製本——川島製本所
編集担当——下松幸樹

ISBN 978-4-478-10594-8